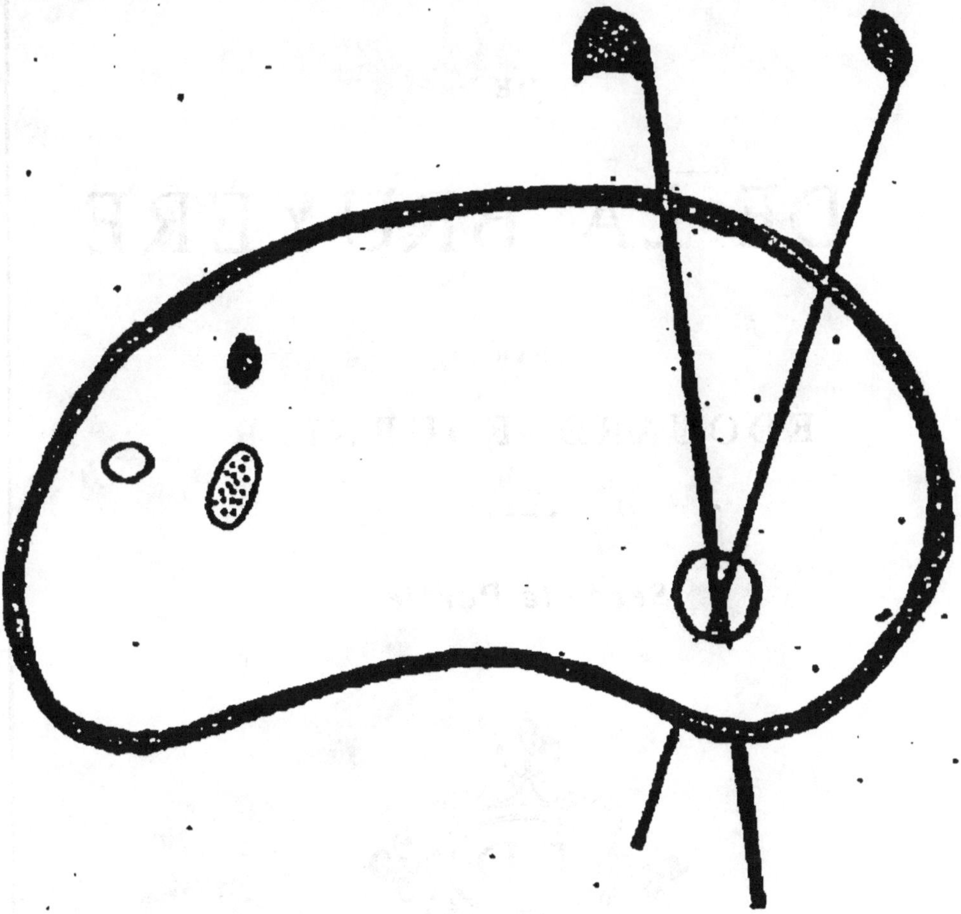

**DEBUT D'UNE SERIE DE DOCUMENTS
EN COULEUR**

LA COMÉDIE

DE

J. DE LA BRUYÈRE

PAR

ÉDOUARD FOURNIER

Seconde Partie.

PARIS

E. DENTU, ÉDITEUR

Libraire de la Société des Gens de Lettres

PALAIS-ROYAL, 17 ET 19, GALERIE D'ORLÉANS.

EN VENTE A LA LIBRAIRIE DE E. DENTU,
PALAIS-ROYAL, 17 ET 19, GALERIE D'ORLÉANS.

Les Cours galantes, par GUSTAVE DESNOIRESTERRES.
   Tome I : L'Hôtel de Bouillon, la Folie-Rambouillet, le château d'Anet, le Temple.
   Tome II : Roissy, l'Hôtel de Mazarin, Chantilly, le palais Mancini, la cour de Zell.
   Tome III : Le château de Clagny, l'hôtel La Touanne, l'hôtel Boisboudrand, la maison de Sonning, la Butte Saint-Roch.
   Tome IV et dernier : Le château de Saint-Maur, la cour de Sceaux, Châtenay, l'hôtel de madame de Lambert, la maison de Clichy.
   4 jolis vol. in-18.   12 »

Histoire de la Caricature antique, par CHAMPFLEURY. 1 joli vol. illustré de plus de 60 gravures.   4 »

Histoire de la Caricature moderne, par CHAMPFLEURY. 1 beau vol. illustré de 80 gravures.   4 »

Histoire des Livres populaires, ou de la littérature du Colportage, depuis l'origine de l'imprimerie jusqu'à l'établissement de la Commission d'examen des livres du colportage, par CHARLES NISARD. 2ᵉ édit. revue, corrigée avec soin et considérablement augmentée. 2 vol. grand in-18 jésus ornés d'un grand nombre de figures.   10 »

Histoire de la Puissance pontificale, par M. VIENNET, de l'Académie française. 2 vol. in-8.   10 »

Les Maîtresses du Régent. Études d'histoire et de mœurs sur le commencement du XVIIIᵉ siècle, par M. DE LESCURE. 2ᵉ édit., revue et corrigée. 1 fort vol in-18.   4 »

Mémoires du Comte Beugnot, ancien mininistre (1783-1815), publiés par son petit-fils le comte ALBERT BEUGNOT. 2 vol in-8. (*Sous presse.*)   12 »

Œuvres inédites de Lamennais (Correspondance et Mélanges) publiées par A. BLAIZE, son neveu. 2 vol. in-8. (*Sous presse.*)   14 »

Les Plumes d'or, romans et nouvelles, par vingt de nos meilleurs romanciers contemporains, préface par PAUL FÉVAL. 1 beau vol. gr. in-18 jésus.   3 50

Portraits intimes du dix-huitième siècle, études nouvelles d'après les lettres autographes et les documents inédits, par MM. EDMOND et JULES DE GONCOURT. 2 jolis volumes in-18.   6 »

Un Salon de Paris (1826 à 1864), par madame VIRGINIE ANCELOT. 2ᵉ édit. avec eaux-fortes par Benassis. 1 volume gr. in-18 jésus.   5 »

Tableau du vieux Paris.—Les Spectacles populaires et les artistes des rues, par VICTOR FOURNEL. 1 fort vol. grand in-18 jésus   3 50

Paris.—Imprimé chez Bonaventure et Ducessois, 55, quai des Augustins.

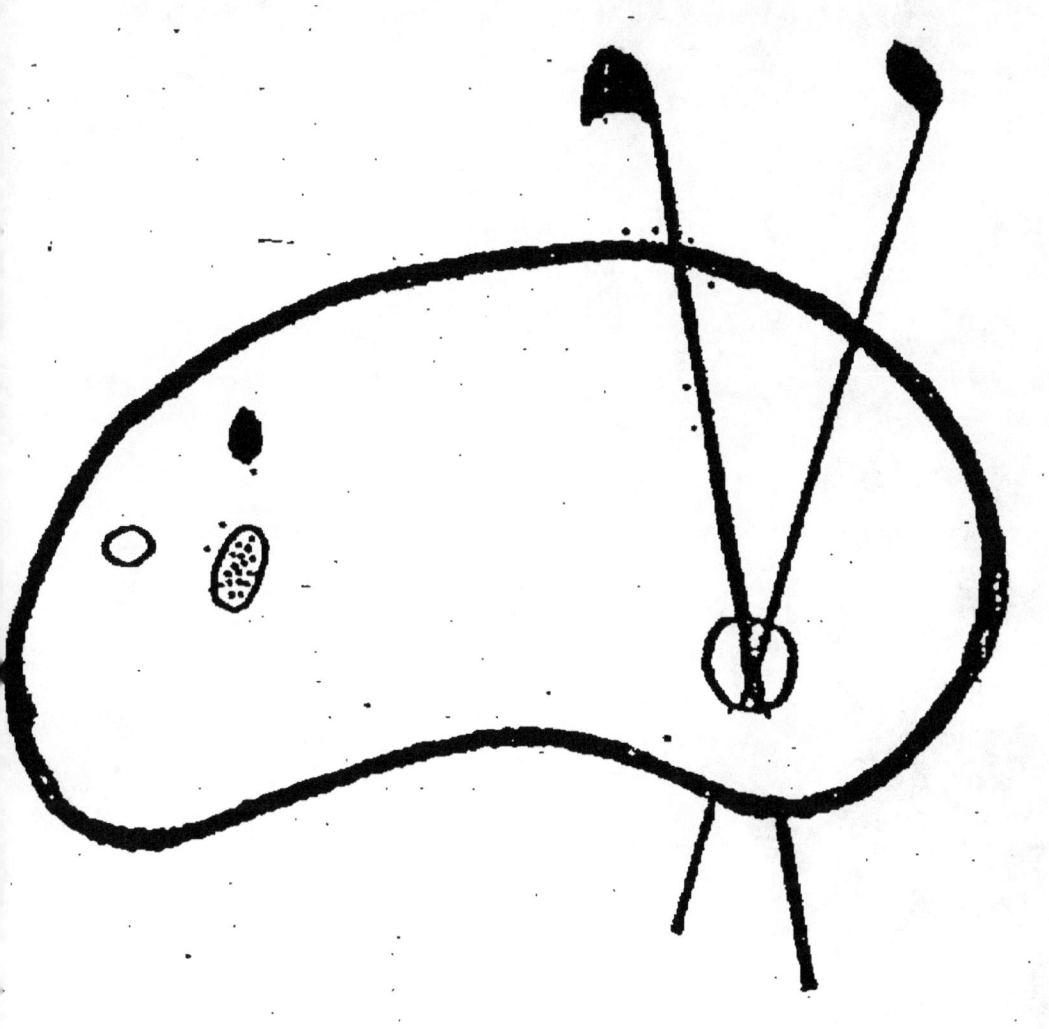
FIN D'UNE SERIE DE DOCUMENTS EN COULEUR

LA COMÉDIE

DE

J. DE LA BRUYÈRE

Paris.—Imprimé chez Bonaventure, Ducessois et Ce,
55, quai des Augustins

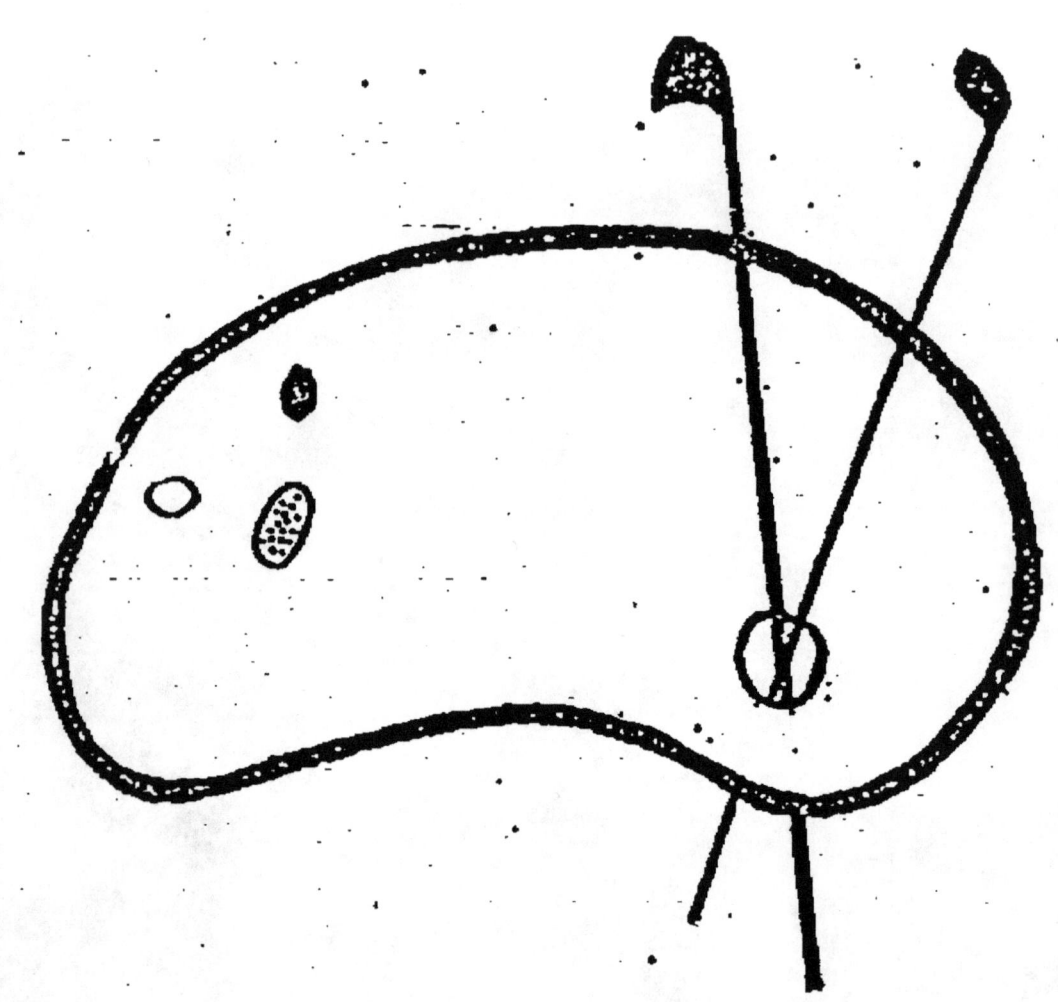

ORIGINAL EN COULEUR
NF Z 43-120-8

LA COMÉDIE
DE
J. DE LA BRUYÈRE

PAR

ÉDOUARD FOURNIER

> « ...Aussi le mot de *comédie* vient-il aux lèvres, lorsqu'on voit marcher avec naturel tant de *caractères* originaux. »
> PRÉVOST-PARADOL. *Études sur les moralistes français* (La Bruyère), p. 201.

Seconde Partie.

PARIS

E. DENTU, ÉDITEUR

Libraire de la Société des Gens de Lettres

PALAIS-ROYAL, 17 ET 19, GALERIE D'ORLÉANS.

—

1866

Tous droits réservés.

LA COMEDIE
DE
JEAN DE LA BRUYERE

XXXI

On n'échappe jamais à l'esprit de son milieu. Est-on sage, s'il est fou on le devient plus ou moins, et plus ou moins on s'en repent, pour revenir plus tard à la sagesse, avec l'expérience de la folie. Les livres de morale sont souvent le fruit de ces retours. Celui de La Bruyère ne dut pas avoir d'autre origine.

Dans le monde, il se laissait faire, quitte à en avoir les remords dont son ouvrage fit des leçons. A Chantilly, il consentait même à jouer, il se risquait au lansquenet, et, surpris de ses prouesses, il en écrivait à Phélypeaux. Celui-ci, dans la lettre citée déjà, l'en raille, ainsi que d'autres nouvelles qu'il lui a mandées. « Il y en a telles qui m'ont fait trembler, dit-il, et surtout l'aventure de la demoiselle.. et de ce que vous êtes *un des plus rudes joueurs de lansquenet* qui soient au monde. Il ne vous faut plus que cela pour devenir tout à fait fou. »

Jouer est bon, mais jouer gros jeu est différent; La Bruyère, je crois, ne fut jamais assez en argent ni en humeur hasardeuse pour s'y risquer : « Je permets, dit-il, à un fripon de jouer un grand jeu, je le défends à un honnête homme; c'est une trop grande futilité que de s'exposer à une grande perte[1].»

Bien jouer est autre chose aussi, et je ne crois pas davantage que ce fût l'un des talents de sa philosophie. Il me semble même qu'il y a, dans les lignes suivantes, je ne sais quel aveu de joueur malhabile, mécontent des déconvenues qu'une foule de sottes gens, ayant, faute d'autre, *l'esprit du jeu*, comme dit Vauvenargues[2], auraient évitées :

« Ne faut-il ni prévoyance, ni finesse, ni habileté pour jouer l'hombre ou les échecs? et, s'il en faut, pourquoi voit-on des imbé-

---

[1] T. I, p. 275.
[2] V., dans ses œuvres, le chap. de *l'Esprit du Jeu*.

ciles qui y excellent, et de très-beaux génies qui n'ont pu même atteindre la médiocrité, à qui une pièce ou une carte trouble la vue et fait perdre la contenance[1]? »

Je jurerais qu'il pensait à Dangeau, son *Pamphile*, le valet de Trèfle[2], en écrivant ce passage sur la supériorité de certains imbéciles au jeu[3]; et que pour les autres, exempts de cet esprit afin d'en avoir un meilleur, il songeait à lui-même, très-inexpert en ces délassements, quoi que Phélypeaux ait pu dire de sa rage du lansquenet.

Il a trop blâmé Chaulieu et « son élève » de leur empressement à ces parties, où le niais heureux peut effacer l'homme d'esprit qui perd[4], pour s'y commettre lui-même plus que de raison, et s'y lancer au delà de ce que lui commandait l'usage. Pour être vraiment du monde, il fallait jouer un peu. La Bruyère s'y résignait, perdait, et se croyait quitte : il

[1] Edit. Destailleur, t. II, p. 108.
[2] V. plus haut, p. 188, note.
[3] Madame de Sévigné, dans sa lettre du 29 juillet 1676, convient elle-même, avec une sorte de honte, de l'espèce d'infériorité où elle se trouve quand elle voit jouer Dangeau.
[4] V. plus haut, p. 192-194.

avait, en perdant, payé sa dîme à la mode. Là, comme partout, l'observation lui valait mieux que l'action. Quand il avait bien surpris dans une partie tous ces instincts que la passion du jeu réveille, le seul gain réel avait été pour lui, il aurait pu dire comme madame de Sévigné parlant du jeu en vogue, que lui-même vient de nommer[1] : « Je veux apprendre l'*hombre,* non pour jouer, mais pour voir jouer. » Il ne savait le jeu qu'autant qu'il fallait pour perdre, et après regarder jouer. Le savait-il même bien ? J'en doute.

La Rochefoucauld avait excellé aux échecs[2], dont les combinaisons semblaient si désespérantes à madame de Sévigné[3]; La Bruyère me paraît avoir eu le même goût. Il revient trop de fois sur ce jeu, et il avait d'ailleurs des amis, notamment De Court[4], qui le pra-

[1] L'*hombre,* qui avait été importé d'Espagne, était alors le jeu en vogue. V. les *Lettres* de Boursault, t. II, p. 75, et les *Nouvelles Lettres de la duchesse d'Orléans,* mère du Régent, édit. G. Brunet, p. 11-12.

[2] Un poëte qu'il avait souvent fait *mat* lui adressa une *ode* publiée dans le *Recueil des Pièces curieuses,* La Haye, 1695, in-12, t. IV, p. 207.

[3] Lettre du 28 février 1680.

[4] Nous verrons plus loin comment De Court fut, avec La Bruyère, de la société de Bossuet à Versailles.

tiquèrent avec trop d'habileté, pour n'avoir pas été entraîné à suivre leur exemple.

Je ne pense pas toutefois qu'il y fût très-habile. Une de ses métaphores, où il mêle et brouille ensemble les termes du jeu d'échecs avec ceux du jeu de dames [1], m'a trahi son inexpérience. Je ne la lui reprocherai pas. En cela, comme en tout, il fut ce qu'il devait être : il ne prit des frivolités du monde que ce qu'il en devait prendre pour n'être pas frivole lui-même; mais comme en cet entourage des Condé, c'est souvent le superficiel qui était l'important, La Bruyère ne passa pas pour sérieux parce qu'il ne sut pas l'art d'être sérieusement futile.

XXXII

La plus belle partie de la vie de La Bruyère, je ne saurais trop le répéter, la

---

« Il était, dit l'abbé Genest, dans le *Portrait* qu'il a fait de lui, 1696, in-4°, p. 14-15, de première classe aux échecs; » il gagna Michel Xin, dit le petit Chinois, qui jouait à la façon de son pays, et dont il comprit aussitôt la manière de jouer.

[1] Edit. Destailleur, t. II, p. 320.

mieux employée surtout, je ne dis pas comme étude des livres, mais comme étude des hommes, est celle qu'il passa dans cette maison de Condé. La plupart des observations qu'il a jetées à pleines mains dans son ouvrage viennent du temps — M. Sainte-Beuve l'a très-finement remarqué le premier [1], — où, placé au milieu de ce grand monde si divers en originaux, il fut à même de tout voir avec cette avidité curieuse qui le prit dès les premiers jours et qui ne le quitta plus.

La lecture l'avait fortement mûri, l'observation pratique lui manquait. En venant chez les Condé, il sortit des livres, il entra chez les hommes.

Il arrivait profond et naïf à la fois, c'est-à-dire possédant, avec un immense besoin de regarder, l'admirable don de bien voir et celui, plus rare encore, de bien dire ce qu'il avait vu.

Sans ce long séjour dans un tel milieu, où, dès qu'il y fut, tout sembla vivre et s'agiter

[1] « La Bruyère, dit-il, dut tirer un fruit inappréciable, comme observateur, d'être initié de près à cette famille si remarquable alors par le mélange d'heureux dons, d'urbanité brillante, de férocité et de débauche. » *Portraits littéraires*, 1862, in-18, t. I, p. 394.

pour lui, il ne fût certainement pas devenu aussi complet comme expérience d'esprit. Sans doute il aurait pu, avant 1676, époque probable de son admission à l'hôtel de Condé, publier sa traduction de *Théophraste;* mais donner dès lors son véritable ouvrage, les *Caractères ou les mœurs de ce siècle,* c'eût été impossible. Aussi ne le fit-il imprimer qu'après douze ans passés chez *ses Altesses.*

Le grand Condé ne vivait plus depuis un an, quand la Bruyère fit paraître son livre. Avait-il attendu cette mort, qui le délivrait d'un juge sévère? Je ne le pense pas. Condé se plaisait trop aux choses de l'esprit, et à défaut des délicates se satisfaisait trop aisément des médiocres[1], pour que La Bruyère pût penser que ses *Caractères* n'eussent pas été du goût du maître. Mon avis est même que si Condé ne lut pas le livre entier, il en connut certainement des parties, et qu'il n'en désapprouva pas l'esprit. Ses propres idées s'y reflétaient, en maint endroit, avec une telle évidence, il y revit si bien par ses sympathies ou ses antipathies, que son assentiment se pressent à chaque page. On le devine

[1] V. plus haut, p. 235, 236.

qui collabore par l'inspiration, et l'on est sûr qu'il ne devra qu'applaudir à l'expression de ce qu'il a inspiré.

Ce qui domine dans l'ouvrage de La Bruyère, c'est l'amour du vrai, et la pénétration du regard dans les voies qui y mènent. Condé, sur la fin, avait la même passion, et se donnait les mêmes soins pour la satisfaire : « M. le Prince, écrivait le 18 août 1683, Malebranche qui l'était allé voir peu de temps auparavant à Chantilly [1], est un esprit vif, pénétrant, net, et que je crois ferme dans la vérité quand il la connoît, mais il veut voir clair... il aime la vérité, et je crois qu'il en est touché. » Ayant un tel esprit, aurait-il pu n'être pas charmé des *Caractères*.

Pour la variété qui s'y trouve, pour la vivacité qui sans cesse y amène l'amusement sous la leçon sérieuse ; pour la façon aussi dont tant d'actes de la comédie humaine y sont ébauchés avec une précision qu'aucune longueur n'allanguit, que nulle monotonie

---

[1] E. Saisset, *Malebranche*, dans les *Précurseurs et disciples de Descartes*, 1862, in-8°, p. 363-364. — Malebranche fut pour beaucoup dans la conversion de Condé. Ad. Penaud, *l'Oratoire de France*, 1866, in-8°, p. 153.

n'émousse, ils auraient dû plaire encore à ce désanchanté, à ce blasé de toutes choses, même de la gloire, et qui sur ses derniers jours, nous l'avons déjà dit [1], ne redoutait qu'un ennemi, l'ennui. Enfin, à cause de l'amour de l'étude et des livres, dont l'expression passionnée s'y rencontre à chaque page avec l'éloge de la solitude qui les féconde, Condé n'aurait pu qu'être encore satisfait du livre de La Bruyère.

Tous les goûts de sa vieillesse s'y trouvent vantés [2] : sa passion pour la recherche du vrai, sa préoccupation des progrès de la philosophie, son ardeur à connaître les nouvelles conquêtes de la science et à s'entourer pour cela des savants qui en sont les apôtres, et dont il s'empressait de faire ses hôtes à Chantilly et à Paris [3]. La Bruyère devait être de toutes ces parties, de toutes ces paisibles

[1] V. plus haut, p. 235.
[2] « Il se retira dans sa maison de Chantilly, s'occupant de lecture et d'agriculture avec la même tranquillité que s'il n'eût été capable d'autre chose. » Note du *Recueil Maurepas*, t. VI, p. 99.
[3] V. plus hant, p. 67. Le P. Rapin, dans son traité *du Grand et du Sublime*, p. 63, vante aussi « le génie de M. le Prince pour les sciences, et de l'empressement des savants à se faire ses hôtes. »

débauches de philosophie et de savoir [1]; rien ne nous l'indique expressément, tout nous l'affirme.

Ce qui plus que le reste nous répond de l'espèce d'intimité et de familiarité savante qui dut exister entre La Bruyère et Condé, c'est la part que celui-ci se réserva dans la tâche même pour laquelle La Bruyère avait été attaché à sa maison.

Sur la recommandation de Bossuet, avec lequel nous vous le ferons bientôt voir, et qui avait alors mission « de fournir aux princes les gens de mérite dans les lettres, dont ils avoient besoin [2], » La Bruyère, on le sait déjà, était entré chez M. le Prince pour enseigner l'histoire à son petit-fils. Ce n'était pas, je crois, une fonction nouvelle pour lui. Il avait dû s'y exercer, comme aide professeur, historien auxiliaire, en prêtant son concours à Bossuet lui-même dans les parties correspondantes de l'éducation du Dauphin. Cordemoy, qui était son très-intime ami [3], avait été chargé de la rédaction de plusieurs pe-

---

[1] V. plus haut, p. 67.
[2] Fontenelle, *Éloge de Valincourt*, dans les *Œuvres complètes*, t. VI, p. 441.
[3] V. plus haut, p. 68.

its traités, dont les uns parurent après sa mort, et dont les autres restèrent manuscrits [1]. On sait que Malezieu y mit la main, que l'abbé de Varé y travailla de même [2]. Pourquoi La Bruyère, dont c'était plus spécialement l'étude, car ces petits traités s'occupent surtout d'histoire, n'y aurait-il pas apporté aussi sa part de travail et de connaissances? Je le pense, quant à moi, et suis même tout près de croire que si Bossuet le mit chez M. le Prince, ce fut pour le récompenser de cette collaboration tacite, comme il avait, dans le même temps, récompensé l'abbé de Varé de son concours, non moins discret, en lui faisant obtenir une place de garde à la Bibliothèque du Roi [3].

L'emploi donné à La Bruyère ne fut d'aucune façon une sinécure; il se compliqua même, ainsi qu'on le verra, d'occupations accessoires qui semblent avoir posé notre professeur historien en secrétaire bibliothécaire du grand Condé. Celui-ci veillait d'assez près dans sa maison pour que tous les emplois

---

[1] Floquet, *Bossuet précepteur du Dauphin*, 1865, in-8°, p. 73, 103.

[2] *Ibid.*, p. 73-74.

[3] *Ibid.*

y fussent réellement occupés, sérieusement remplis [1]. La charge de La Bruyère surtout lui tenait au cœur. Une des parts les plus précieuses de l'éducation de son petit-fils dépendait du soin qu'on y apporterait, et nous savons avec quelle sollicitude active il suivait lui-même toute cette éducation dans ses moindres détails : « Une des occupations les plus agréables de Condé dans sa retraite, et qui remplit le plus son âme, écrit Désormeaux [2], fut de former le cœur du duc de Bourbon, son petit-fils. Il voulut lui rendre les mêmes soins qu'il avoit reçus de son père, et qu'il avoit prodigués au duc d'Enghien. C'étoit, ajoute-t-il, en citant à l'appui un *manuscrit* de l'hôtel de Condé, c'étoit sous ses yeux que Deschamps, qui nous a laissé une relation si estimée des deux dernières campagnes de Turenne, donnoit des leçons militaires au jeune prince. »

Quand La Bruyère faisait la sienne, soyez sûr que M. le Prince était là aussi, suivant

[1] V., pour le soin que Condé prenait de son *domestique*, à Chantilly comme à Paris, nos *Variétés hist. et litt.*, t. X, p. 17.

[2] *Hist. de L. de Bourbon, prince de Condé*, in-4°, t. IV, p. 468.

des yeux, guidant de la pensée, et repassant ainsi pour son propre compte ce qu'apprenait son petit-fils. S'il s'attachait pour lui à l'étude de la guerre, où il avait été un si grand maître, il ne devait pas tenir moins à celle de l'histoire, qu'il avait si vaillamment remplie. Auprès de Condé, sous les mêmes attentions de sollicitude paternelle, s'élevaient ses deux neveux, ses deux pupilles [1], les princes de Conti avec un précepteur particulier, l'abbé Fleury, qui, à ce rapprochement des deux éducations, gagna de connaître La Bruyère et de rester son ami [2].

Ils avaient à suivre ensemble, pour la direction de leurs élèves, le livre *de l'Éducation d'un prince*, que Nicole avait expressément écrit pour les princes de Conti [3], dont, par droit d'aînesse, l'éducation avait précédé de plusieurs années celle de M. le Duc. Une trace est restée dans les *Caractères* de la lecture que La Bruyère dut faire ainsi du livre de Nicole. « Un de ces voluptueux de Rome, dit celui-ci [4], se faisant reporter

[1] *Hist. de L. de Bourbon*, etc., in-4°, t. IV, p. 468.
[2] V. plus haut, p. 34 et 241.
[3] Floquet, *Bossuet, précepteur du Dauphin*, p. 129.
[4] Nicole, *De l'Éducation d'un prince*, 1670, in-8°, 2ᵉ partie, p. 65.

du bain dans une chaise, demandoit à ses valets : *Suis-je assis?* (*jam sedeo*), c'est à peu près comme celui qui étant à la chasse demandoit à ses gens : *Ai-je bien du plaisir?* Ce sont, ajoute Nicole, des fatuités de grands qu'il est bon de remarquer. »

La Bruyère, reprenant le trait, le fit à double tranchant. De cette « fatuité d'un grand, » comme dit Nicole, il tira, pour ajouter à son comique, une des touches les plus vives de la satire si animée qu'il a faite de ces hommes de robe, qui se croient « gens à belles aventures, » courent le monde avec le baudrier et l'*habit gris* de l'homme d'épée[1], et la campagne en guêtres, avec tout le fourniment du chasseur : « Un autre, dit-il par exemple[2], un autre, avec quelques mauvais chiens, auroit envie de dire : *Ma meute*. Il sait un rendez-vous de chasse, il s'y trouve; il est au laisser-courre; il entre dans le fort, se mêle avec les piqueurs : il a un cor. Il ne dit pas comme Ménalippe : *Ai-je du plaisir?* » Il croit en avoir. Il oublie lois et procédure : c'est un Hippolyte. »

[1] L'*habit gris* était l'habit de ville pour les militaires, *Mém.* de Choisy, p. 62.
[2] Edit. Destailleur, t. I, p. 286.

Chez M. le Prince, Henri-Jules, La Bruyère vit souvent de ces gens, dont Son Altesse, nous l'avons dit [1], aimait beaucoup à s'entourer, afin d'avoir sous la main des conseillers permanents de ses affaires. Près du père, le grand Condé, il avait vu société plus haute, où le savoir trouvait mieux son compte, l'intelligence sa dîme. Nous connaissons les savants qui allaient à Chantilly expliquer leurs découvertes, faire leurs expériences [2]. Voici maintenant Bossuet lui-même qui vient y passer une partie de l'été de 1679 [3], et qui chaque jour reprend avec le grand prince, sur toutes les matières de la religion un de ces entretiens auxquels il me semble voir se mêler La Bruyère, pour y jeter l'étincelle d'un mot, auprès de la flamme d'une parole de Bossuet.

On discutait : le prince et l'évêque n'étaient pas toujours d'accord, La Bruyère était pris pour arbitre, et quand je me demande de quel côté penchait sa justice, je ne suis pas surpris de voir que c'était du côté de son indépendance : il donnait raison à Bossuet

---

[1] V. plus haut, p. 140.
[2] V. plus haut, p. 66-67.
[3] Floquet, *Bossuet, précepteur du Dauphin*, p. 518.

plus souvent qu'à M. le Prince. Lorsqu'il s'agissait de gens sans grande portée, on était bientôt d'accord.

Pour le P. Maimbourg par exemple, ce n'était pas Condé, à qui il avait toujours déplu[1], ni Bossuet, qui le savait son ennemi juré[2], qui eussent empêché La Bruyère de résumer leur propre opinion par la sienne, en affublant du nom allemand de *Handburg* cet écrivain soi-disant français, et en ne trouvant dans ses écrits « qu'un style vain et puéril[3]; » mais lorsqu'on remontait plus haut, jusqu'à Malebranche, la discussion était plus vive. M. le Prince, qui aimait ce philosophe de l'Oratoire, où il avait daigné l'aller voir en personne[4], tenait bon pour sa doctrine que Bossuet au contraire combattait[5].

Condé le considérait comme « le plus grand métaphysicien[6]. » Bossuet soutenait qu'il

[1] V. *Lettres sérieuses et badines*, t. V, p. 264-265.
[2] Floquet, *Bossuet, précepteur,* etc., p. 325-326.
[3] Edit. Destailleur, t. I, p. 160, et plus haut, p. 34.
[4] E. Saisset, *les Précurseurs et les Disciples de Descartes*, p. 363-364.
[5] En cette année 1679, Malebranche avait publié son *Traité de la Nature et de la Grâce*, et Bossuet, l'ayant lu, avait écrit sur la couverture : *Pulchra, nova, falsa.* A. Penaud, *l'Oratoire de France*, p. 310.
[6] Saisset, p. 383.

s'éloignait trop des principes de l'ancienne foi chrétienne [1]; et La Bruyère ne défendait pas Malebranche. Était-ce à cause de ses infractions philosophiques contre la foi ? Sans doute ; mais c'était aussi peut-être en souvenir de la querelle de l'oratorien contre Arnauld [2], dont La Bruyère fut toujours le partisan avec Boileau, Racine et tout Port-Royal [3]; c'était encore surtout par zèle pour Montaigne qu'il ne pouvait laisser critiquer, et que Malebranche n'épargnait pas assez [4].

Il ne fit qu'une seule fois allusion à son sentiment sur le peu de profondeur de pensée qu'il trouvait chez l'auteur de la *Recherche de la vérité*; ce fut pour protester en faveur de son cher Montaigne, par reconnaissance pour le plaisir qu'il avait eu à le fréquenter, et pour le profit qu'en avait retiré son livre [5]. Parlant d'é-

---

[1] Blampignon, *Étude sur Malebranche*, 1862, in-8°, p. 66, et 2ᵉ partie, p. 132. Bossuet et Malebranche ne se remirent d'accord que pour le Quiétisme. (*Id.*, 1ʳᵉ partie, p. 74.)

[2] *Ibid.*

[3] *Ibid.*

[4] *Ibid.*, p. 209, 228, 237.

[5] V. dans l'édit. des *Caractères* de M. Ch. Louandre, les emprunts de La Bruyère à Montaigne, p. 7 52, 63, 77, 93, 157, 247, 367, 384.

crivains qui blâment le philosophe des *Essais*, il dit : « L'un ne pensoit pas assez pour goûter un auteur qui pense beaucoup [1]. » Tout le monde reconnut Malebranche.

En protestant pour Montaigne, La Bruyère avait avoué qu'il ne le trouvait pas exempt de toute sorte de blâme; mais, malgré cette réserve, je ne crois pas que Bossuet approuvât son admiration. Le grand ami du doute ne devait pas être des siens. Montaigne n'était pas assez chrétien pour lui; il le trouvait trop épris des grâces de cette antiquité profane, avec laquelle sa sévérité ne permettait qu'une fréquentation de passage.

Nous savons, par sa lettre du 27 septembre 1695, ce qu'il pensait de ceux qui marquaient trop de passion pour les anciens; il ne nomme personne, mais, je ne sais pourquoi, il me semble reconnaître La Bruyère dans celui qu'il désigne le mieux. La querelle des anciens et des modernes était en effet déjà engagée alors, et l'on sait à quel point La Bruyère s'y déclara pour la cause de l'antiquité que soutenaient aussi Racine et Boileau [2].

---

[1] Edit. Destailleur, t. I, p. 146.
[2] « Je suis bien aise, lisons-nous dans la lettre *iné-*

« Je ne puis comprendre, écrit Bossuet, l'attachement et le goût de M... pour les auteurs profanes ; je pardonnerois quelques lectures en passant ; mais d'y avoir de l'attache, et d'y trouver du goût, quand on connoît Jésus-Christ ! Peut-on goûter des livres où Jésus-Christ ne se trouve point, et s'en faire une occupation sérieuse ? Je ne le puis croire. »

Ce qui sauvait La Bruyère auprès de Bossuet, c'est qu'en même temps que l'amour des profanes, il y avait en lui, grâce à cette diversité de caractère que nous lui connaissons, et dont le point de synthèse était l'admiration du beau et du grand en toutes choses, un goût profond pour les saintes Écritures, et comme le reconnaît le plus animé de ses critiques [1], « une vénération singulière pour tous les livres de piété. » S'agissait-il d'un ouvrage de ce genre désiré par M. le

---

dite de Marais à Bayle, du 25 mai 1698, que vous finissiez par une pensée de La Bruyère. Voilà un homme au bon coin. Il s'est vu de son vivant objecté aux anciens, lui qui en étoit l'admirateur. » *Biblioth. imp.*, f. Bouhier, n° 138, p. 104.

[1] *Sentiments critiques* sur les *Caractères*, 1701, in-8°, p. 551.

Prince ou par Bossuet, c'est lui qui s'entremettait pour le découvrir. Il était le pourvoyeur de la bibliothèque du prince, et ensuite le prêteur obligeant des trésors dont il l'avait enrichie. Bossuet avait part à ces prêts savamment ménagés par son ami, mais dont il renvoyait à Condé toute la reconnaissance, comme dans sa lettre du 4 juillet 1685[1] :

« M. de La Bruyère, y dit-il, m'a envoyé par votre ordre le titre d'un livre latin, que vous aviez eu le dessein de me faire voir, touchant les libertés de l'Église gallicane. Je l'ai vue et je supplie humblement V. A. S.[2], de vouloir bien le faire garder soigneusement, afin que je puisse le revoir, si j'en ai besoin quelque jour. »

Chez Michallet, son libraire préféré[3], qui avait obtenu, peut-être par ses soins, la clientèle de la maison de Condé, il pouvait se fournir de tous les livres exigés par le goût

---

[1] Floquet, *Études sur Bossuet*, t. III, p. 547.

[2] Condé portait le titre d'*Altesse sérénissime* depuis son retour d'Espagne. Amelot de la Houssaye, *Mém. hist.*, t. II, p. 15. — On voit, par les lettres de La Bruyère qui sont en la possession de M. le duc d'Aumale, qu'il ne manquait jamais de le lui donner.

[3] V. plus haut, p. 180-181.

curieux de M. le Prince, quelle qu'en fût la diversité ; car « dans le loisir qu'il ne s'étoit fait que pour l'esprit [1], » il aimait à tout lire.

Michallet, dès son installation de libraire en 1669 [2], *à l'image Saint-Paul, rue St-Jacques, proche de la Fontaine de Saint-Séverin,* avait eu la boutique la mieux assortie. A côté de « presque tous les livres de mathématiques de MM. de l'Académie des sciences [3], » auprès de la *Chimie* de Lémery, un commensal de l'hôtel de Condé, comme La Bruyère [4], et sur le même rayon que les sept volumes de la *Théologie spéculative* de du Hamel, un autre de ses amis [5], on y trouvait des livres de stratégie, comme *l'Art de la Guerre* de Gaya [6], les livres de *blason* du

---

[1] Le P. Rapin, *du Grand ou du Sublime*, 1686, in-8°, p. 62.

[2] Lottin, *Catal. chronolog. des libraires*, 1789, in-12, 1re partie, p. 139; 2e partie, p. 124.

[3] V. dans *l'Almanach des Adresses* d'Abraham du Pradel (Blegny), 1692, in-12, p. 58, le *Catalogue* des principaux ouvrages vendus chez Michallet. La 6e édition des *Caractères*, publiée en juin 1691, s'y trouve indiquée.

[4] V. plus haut, p. 66.

[5] V. plus haut, p. 65, 198.

[6] Michallet publia ce vol. in-12 en 1689.

P. Ménestrier, l'*Entretien sur les tragédies de ce temps*, par l'abbé de Villiers [1], qui put voir La Bruyère dans cette boutique, et n'y devint pas son ami [2] ; les *Mémoires des intrigues de la Cour de Rome*, par l'abbé Pageaux [3] dont les idées toutes gallicanes s'accordaient mieux avec les siennes et celles de Bossuet ; enfin, pour que rien n'y manquât, on y trouvait jusqu'à des livres mystiques, tels que la *Vie du B. Stanislas Kotska*, par le P. d'Orléans [4].

La Bruyère eut donc à venir bien des fois dans cette boutique, où se vendaient tant de livres, pour satisfaire à l'avide curiosité d'un prince qui les aurait voulu tous. Lorsque Condé fut mort, il y revint encore, mais pour une tâche plus triste. Il ne s'agissait plus de livres capables d'instruire ou d'amuser la fin de cette grande existence, mais d'ouvrages la racontant elle-même, et la faisant revivre avec les derniers honneurs qui l'avaient couronnée. C'est ainsi qu'au mois de février 1687,

[1] 1675, in-12, aussi chez Michallet.
[2] V. plus haut, p. 61.
[3] V. sur ce livre, publié chez Michallet en 1677, in-12, le *Bulletin du Bibliophile*, 1864, p. 760.
[4] 1672, in-12, chez Michallet.

deux mois après la mort du prince, il prenait le douloureux soin de surveiller chez Michallet l'impression du petit livret in-4º à la rédaction duquel il avait sans doute eu part. *Les Honneurs funèbres rendus à la mémoire de très-haut, très-puissant, très-illustre et très-magnanime prince, Monseigneur Louis de Bourbon, prince de Condé et premier prince du sang de France, dans l'église métropolitaine de Notre-Dame de Paris*[1]. Quelques mois après[2], Michallet publiait encore, et sans doute sous cette même surveillance de La Bruyère, l'*Oraison funèbre* du prince par Bourdaloue. Quant à la plus importante et la plus célèbre de toutes, celle de Bossuet, pour laquelle le grand orateur semblait avoir pris la mesure du prince dans les entretiens dont nous avons parlé, c'est la librairie très-en vogue de Mabre-Cramoisy[3], qui la publia.

Le panégyrique écrit par le P. Rapin y parut de même sous le titre de *le Magna-*

---

[1] 1687, in-4º. Le permis d'imprimer est du 20 février.

[2] 1687, in-8º. Le permis d'imprimer est du 24 août.

[3] La Bruyère (t. II, p. 142) le nomme lui-même parmi les libraires en vogue.

nime où l'éloge du prince de Condé, mais avec des modifications demandées par l'hôtel de Condé [1], et pour lesquelles La Bruyère, le lettré de la maison, l'homme qui était allé le mieux au fond du caractère de M. le Prince, s'était sans doute entremis. Il savait combien, de son vivant, Condé avait été l'ennemi des louanges, « qu'il ne pouvoit souffrir sans s'impatienter [2]; » et il avait dû veiller à ce que sa mémoire ne se heurtât pas contre cet excès d'éloges qui eût été une impatience pour sa vie.

Lui-même, quand il fit, mais bien plus tard [3] — ce qui était déjà une discrétion, — le portrait de Condé, sous le nom d'*Æmile*, sut-il échapper à ce danger de l'exagération louangeuse? Je le crois.

Son *Æmile* est certainement Condé, le nom même qu'il lui donne, emprunté à Scipion *Æmilien*, celui de tous les Romains dont il reproduisait le mieux la ressemblance par ses talents militaires associés à l'amour

[1] *Lettre* de Bussy à madame de Sévigné, du 19 nov. 1687.
[2] Le P. Rapin, *du Grand ou du Sublime*, p. 65.
[3] Le *caractère* d'Æmile ne parut que dans la 7ᵉ édition, en 1692.

des lettres [1], suffirait pour qu'il ne fût pas possible de reconnaître un autre héros dans le portrait. Quelques touches, tout intimes, où l'on retrouve le peintre qui a vécu avec son modèle, où l'on sent que l'un sait par cœur ce que racontait l'autre en pleine vérité et modestie, comme ce passage, par exemple, si bien d'accord avec ce que l'on connaît d'ailleurs de la bonhomie du grand Condé dans ses récits [2] : « On lui a entendu dire *je fuyois*, avec la même grâce qu'il disoit : *Nous les battîmes* [3], » sont encore des preuves qui empêcheraient de se méprendre sur la ressemblance, pour peu qu'elle fût contestée.

Il n'est pas moins vrai que des réserves sont à faire. Si Condé est tout dans Æmile, en revanche Æmile, héros complet, n'est pas tout dans Condé. Il laissait des lacunes qu'un autre seul put remplir. Cet autre, c'est Turenne.

La Bruyère, qui tient à son héros parfait, ne craint pas d'emprunter à celui-ci les traits qui lui manquent. Ils l'ont fait reconnaître

---

[1] V. son portrait dans Val. Paterculus, liv. I, ch. 13.
[2] Le P. Rapin, *du Grand* ou *du Sublime*, p. 61.
[3] Edit. Destailleur, t. I, p. 172.

d'un côté du portrait[1], tandis que de l'autre on reconnaissait Condé.

Cela dit et bien examiné, faut-il encore trouver dans le caractère d'Æmile un éloge exagéré du Prince? Je ne crois pas. Il pourra même sembler aux clairvoyants que les vertus prêtées par d'autres pour s'ajouter aux siennes sont assez malicieusement l'indice de toutes celles dont l'absence se faisait sentir en lui.

Je trouve une autre critique plus directe encore dans la phrase qui termine le portrait : Condé — car là c'est bien lui — nous y est présenté comme un homme « à qui il n'a manqué que les moindres vertus. »

On n'a vu là qu'une antithèse : c'est autre chose, à mon sens. La bonté, l'indulgence, la facilité de mœurs, la douceur dans le commandement, voilà ces vertus moindres dont La Bruyère veut parler; voilà « ces petites vertus qui ne se font pas voir de loin, » et que Fléchier, lui aussi, chercha vainement chez tant d'autres après les avoir trouvées chez saint François de Salles[2]. Je conçois que La Bruyère, qui avait été de la maison

---

[1] Edit. Destailleur, t. I, p. 172, note.
[2] Fléchier, Œuvres, t. V, p. 402.

du Prince et l'avait eu pour maître, n'ait pu s'empêcher de remarquer qu'elles manquaient chez ce grand homme, un peu tyran domestique, comme ils le sont tous.

Vous voyez donc que, même aux endroits où on lui reproche d'avoir outré l'éloge, il sait encore garder son libre arbitre. Il fallait que chez lui l'observateur ne perdît jamais ses droits, puisque, pour l'homme « qui lui fit le plus de bien [1], » il avait cru devoir se permettre cette franchise !

Avec le nouveau prince de Condé, auquel il resta attaché; avec M. le Duc, son élève, qu'il lui fut donné de connaître encore mieux, il ne s'astreignit pas, je dis la plume en main, à moins d'observation, à plus d'adulation.

Grâce à la largeur du cadre qu'il avait adopté, il put faire entrer dans ses tableaux tout ce qu'il avait vu, tout ce qu'il avait remarqué, même chez *ses Altesses*.

---

[1] « Venons au caractère d'*Æmile*, il est beau, et M. de La Bruyère n'avoit garde de ne pas dire du bien d'un prince qui lui en faisoit beaucoup. » *Sentiments critiques sur les Caractères*, p. 150.

XXXIII

Le prince Henri-Jules dont nous avons déjà tant parlé, et sous lequel La Bruyère fut le plus longtemps en dépendance, a son portait complet dans les *Caractères*, mais non pas tout entier en une seule fois. Ce sont mille fragments, au contraire, épars et menus comme les morceaux d'un miroir brisé. Il ne faut que les réunir, puis rapprocher après les ressemblances, données ailleurs, pour y reconnaître aussitôt, sans méprise possible, le fils inquiet et solitaire du grand Condé; ressaisir cette vie insaisissable, éclairer ce mystère, fixer ce tourbillon, qui, tant qu'il dura, fut partout et nulle part, et s'éteignit presque dans la démence.

« Il y a, dit La Bruyère[1], des hommes nés inaccessibles[2], et ce sont précisément ceux

---

[1] Edit. Destailleur, t. I, p. 344.
[2] Il avait déjà parlé (p. 178) de cette manie d'être inaccessible qui l'avait frappé chez M. le Prince, et il en avait fait une des infirmités de la fausse grandeur: « Elle est, dit-il, farouche et inaccessible; comme elle sent son foible, elle se cache, ou du moins ne se

de qui les autres ont besoin, de qui ils dépendent.

« Ils ne sont jamais que sur un pied; mobiles comme le mercure, ils pirouettent, ils gesticulent, ils crient, ils s'agitent; semblables à ces figures de carton qui servent de montre à une fête publique, ils jettent feu et flamme, tonnent et foudroient. On n'en approche pas, jusqu'à ce que, venant à s'éteindre, ils tombent, et par leur chute deviennent traitables, mais inutiles. »

C'est M. le Prince tout entier.

Je parlais de fragments de miroir à rapprocher : il n'en a fallu qu'un seul pour qu'il apparût complétement lui-même, de la tête aux pieds, en mouvement. On ne doutera pas de la réalité du portrait, quand on l'aura mis en présence de ceux que d'autres, Saint-Simon et le marquis de Lassay, nous ont fait du même homme.

Saint-Simon l'avait souvent vu de près, et des rancunes de famille [1] l'avaient mis, pour

montre pas de front, et ne se fait voir qu'autant qu'il faut pour imposer. »

[1] M. le Prince avait enlevé à l'oncle de Saint-Simon la capitainerie des chasses de Senlis. Saint-Simon, édit. Hachette, in-12, t. I, p. 30; t. IV, p. 343.

l'étudier, au point de cette sincérité sévère, qui peut n'être pas l'irréprochable vérité, mais qui vaut mieux au moins que le faux jour de la flatterie.

Quant au marquis de Lassay, il fut de l'intimité de M. le Prince, depuis le temps où il n'était encore que M. le Duc [1]. « Il se fourra dans ses parties obscures, y fut acteur commode [2], » et après avoir pris sa part des soupers de Saint-Maur [3], des *médianoches* de la petite maison voisine de l'hôtel de Condé [4], des fêtes secrètes de la rue Saint-Thomas-du-Louvre [5], il finit par épouser mademoiselle de Guénani, fruit d'une des liaisons nouées par le prince dans ces impétueuses débauches [6]. Son témoignage pourra donc

— Il en résulta des conflits qui entretinrent les rancunes. V. Châtre, *Jeux d'esprit et de mémoire*, 1694, in-12, p. 5-6.

[1] Saint-Simon, t. I, p. 190.
[2] *Id.*, t, V, p. 418.
[3] Sévigné, *Lettre* du 6 avril, 1672.
[4] *Id., ibid.* — V. aussi Saint-Simon, t. IV, p. 345, sur les rendez-vous de M. le Duc dans une rue près de Saint-Sulpice dont il avait loué tout un côté.
[5] *Mémoires* de Gourville, édit. Petitot, p. 399.
[6] Elle était née en 1668, des amours de M. le Duc avec madame de Marans. Le nom de Guénani était

être sûr. Tout l'autorise ; le titre d'ami que Lassay garda si longtemps chez les Condé ne peut même pas le faire soupçonner de prévention favorable.

M. le Prince Henri-Jules, en effet, qui fut un maître détestable[1], ne valut pas mieux dans ses amitiés[2] ; Lassay, par conséquent, aura pour le peindre le même droit de sincérité que La Bruyère. Saint-Simon sera entre les deux pour prouver qu'ils ont raison l'un et l'autre. Écoutons-le, après La Bruyère qu'il justifiera, et avant Lassay, dont il préparera le tableau par les touches rapides du sien.

Il est, dit-il, « soupçonneux, inquiet, sans aucun relâche... toujours incertain, ayant tous les jours quatre dîners prêts : un à Paris, un à Écouen, un à Chantilly, un où la Cour

---

l'anagramme de celui de son père, *Anguien*. V. Sévigné, *Lettre* du 8 juin 1676. — Devenu M. le Prince, il la légitima au mois de juin 1693, en lui donnant le nom de Julie de Bourbon, demoiselle de Chateaubriant. V. Dangeau, 9 janvier 1694. — Plusieurs lettres de M. de Lassay, qui l'épousa en troisièmes noces quatre ans après, lui sont adressées sous ce nom. V. son *Recueil de différentes choses*, t. II, p. 29, 39.

[1] Saint-Simon, t. IV, p. 342.

[2] *Id. ibid.* « Depuis soixante ans qu'il vit, écrit Lassay (t. II, p. 34), il n'a pu se faire un seul ami. »

étoit [1]. » N'est-ce pas notre homme en mouvement de tout à l'heure, pirouettant, gesticulant, « mobile comme le mercure. » Voyons maintenant l'inaccessible. « Il est, continue Saint-Simon, toujours enfermé chez lui, et presque point visible à la Cour, comme ailleurs. » L'homme tonnant, le maître en explosion, nous manque encore. Le voici en un trait de foudre : « Il est difficile à l'excès... tenant tout chez lui dans le tremblement. » La Bruyère, qui dit à son *Téléphon* [2] : « L'on n'approche de vous que comme du feu, et à une certaine distance, » avait exprimé la même chose, presque avec la même image, et sans doute pour le même homme, car *Téléphon,* en qui l'on a reconnu La Feuillade, ressemble singulièrement à M. le Prince.

Passons au portrait qu'a fait Lassay, qui, par sa touche plus soutenue, mettra d'accord ces deux esquisses retentissantes :

« Souvent, dit-il de M. le Prince, il est agité par une espèce de fureur qui tient presque de la folie : ce ne sont quasi jamais les

---

[1] Saint-Simon, t. IV, p. 344.
[2] Edit. Destailleur, t. II, p. 339.

choses qui en valent la peine, mais les plus petites qui lui causent cette fureur... Quand elle l'agite, ceux qui ne le connoissent point, et qui l'entendent parler croient qu'il va tout renverser, mais ceux qui le connoissent savent que ses menaces n'ont pas de suite, et que l'on n'a à appréhender que les premiers moments de cette fureur.....

« Il est tout le jour enfermé sous je ne sais combien de verroux, avec quelqu'un de ses secrétaires; et ceux qui ont affaire à lui, après avoir cherché longtemps, trouvent à peine dans une garde-robe quelque malheureux valet de chambre, qui souvent n'oseroit les annoncer; si bien qu'ils sont des deux ou trois mois sans lui pouvoir parler. Sa femme et ses enfants n'oseroient pas même entrer dans sa chambre qu'il ne le leur mande. »

Par un autre trait jeté ailleurs, Lassay résume la physionomie de la maison où régnait un tel maître, tour à tour foudre et nuage, solitaire et impétueux, apparaissant pour crier, après s'être caché pour qu'on ne l'entendît pas : « Tout est mystère à l'hôtel de Condé, dit-il [1]; rien n'y est secret. »

---

[1] *Recueil de différentes choses*, t. III, p. 350.

L'homme inquiet et mobile dont Saint-Simon et La Bruyère nous ont si bien parlé se fait voir aussi dans un autre coin du *Recueil* de Lassay [1], avec une nuance de plus pour le despotisme de cette inquiétude dont M. le Prince imposait aux siens l'incessante agitation : « M. le Prince parle d'aller à Écouen ; mais, comme il y mènera ses inquiétudes et son humeur, il n'y sera pas mieux qu'à Paris, et les autres y seront plus mal. »

Avec Saint-Simon, l'homme, calmé, apaisé, éteint, une fois son feu jeté, ne s'est pas fait voir chez M. le Prince. Mais La Bruyère l'avait indiqué, et Lassay va le faire reparaître : nous allons comprendre, en voyant ce tonnerre qui finit en fusée, comment il fut « difficile à vivre et aisé à gouverner [2]. » Pour La Bruyère, ce n'était qu'une figure de carton ; pour M. de Lassay, ce sera un autre jouet qui ne vaudra pas mieux.

« Il grossit des bagatelles, dira-t-il, et en fait une affaire importante. Cependant il est si foible et si léger que tout cela s'évanouit,

---

[1] *Recueil de différentes choses,*, p. 229.
[2] *Ibid.*, p. 350.

et il ressemble assez aux enfants qui font des bulles de savon ¹. »

Le distrait existait aussi par un coin chez M. le Prince, dont, Lassay nous le dit encore, « les distractions étoient surprenantes ². » Quand le *Ménalque* des *Caractères* le fit rire, c'est donc un peu de lui-même qu'il s'amusa. Simple faiblesse, d'ailleurs, et toute naturelle avec son inquiétude et son inconsistance. On en riait quand il était loin, et tout était dit. Ce qui tirait davantage à conséquence, c'étaient les distractions bien autrement graves de Son Altesse au sujet des services rendus. De celles-là, qui dégénéraient en oubli, pour finir en ingratitude, tout le monde se plaignait. Saint-Simon ³ nous le montre « parfaitement ingrat des plus grands services. » Lassay dit de même : « Il est incapable d'amitié et de reconnoissance ⁴. »

Quant à La Bruyère, selon son usage, il ne

---

¹ *Recueil de différentes choses*, t. II, p. 341. Cette opinion sur M. le Prince semblait si vraie pour Lassay qu'il la reprend ailleurs presque dans les mêmes termes, t. III, p. 350.
² *Ibid.*, p. 341.
³ *Mémoires*, édit. Hachette, in-12, t. IV, p. 343.
⁴ *Recueil*, t. II, p. 341.

dit rien comme reproche direct; mais lorsqu'il écrit, à propos des Grands : « Ne leur demandez ni réflexion, ni reconnoissance, ni récompense [1], » comptez qu'il pense encore à M. le Prince et à la façon dont cette Altesse nous semble avoir agi avec lui.

Il ne cessa pas d'être à son service et tout à fait de sa maison; ce qui précède [2] nous l'a fait voir. Cependant, jamais il n'eut réellement de charge en titre. Celle de gouverneur lui aurait plu tout d'abord auprès de M. le Duc, son élève; on croit le deviner à son regret pour le temps où cette noble qualité subsistait encore dans les maisons princières [3] : il ne l'obtint pas. M. le Prince, dont l'avarice était extrême, laissait dans « son domestique » autant de vides qu'il pouvait, se dispensant ainsi des gages qu'il eût fallu pour les combler : « Toutes les charges de sa maison, dit Lassay [4], sont vacantes; il n'y a plus ni grandeur, ni dignité; son avarice et son incertitude en sont cause. »

La Bruyère aurait dû, parmi ces places,

---

[1] Edit. Destailleur, t. II, p. 355.
[2] V. p. 235, 237.
[3] T. I, p. 295.
[4] T. II, p. 341.

avoir au moins celle d'homme de lettres. Il l'occupa de fait, comme l'indique son assiduité près du Prince; mais de droit, et pour les gages, l'occupa-t-il de même? J'en doute, quoiqu'on l'ait cru, et quoique Saint-Marc l'ait affirmé [1]. Brossette, qu'il contredit, était mieux au fait grâce à Boileau. Il donne, lui, à La Bruyère, le titre de gentilhomme de M. le Duc, et c'est, en effet, celui qu'il portait suivant son acte mortuaire. Or voici, je crois, ce qui se passait par un compromis dont le fils faisait les frais pendant que le père en avait les profits M. le Prince, qui n'aimait pas à payer, avait près de lui, sans bourse délier, La Bruyère comme homme de lettres; et M. le Duc, qui était moins avare [2], lui donnait des gages pour sa charge de gentilhomme qui était une sinécure. Il résultait de là que La Bruyère était des deux maisons, et qu'il pouvait dire, comme dans sa lettre à Bussy, par exemple, en parlant de M. le Prince et de M. le Duc : « Les Altesses à qui je suis. »

L'estime n'était guère possible envers un

---

[1] *Œuvres* de Boileau, 1747, in-8°, t. II, p. 391, note.

[2] V. Saint-Simon, in-18, t. V, p. 164.

prince capable de pareils expédients; aussi je pense volontiers que notre homme songe encore au maître chaque fois qu'il parle des grands, chez qui le caractère ne répond pas à la dignité, et lorsqu'il dit, par exemple : « Il y a une fausse grandeur qui est petitesse [1]. »

Que lui importait d'occuper deux charges en n'étant payé que d'une seule; son désintéressement bien connu [2] l'affranchissait de pareils soucis. Tout heureux d'ailleurs d'avoir au moins dans ses attributions les lettres qui lui étaient si chères, il se répétait pour lui-même ce qu'il a si bien dit : « Un honnête homme se paye de l'application qu'il a pour son devoir par le plaisir qu'il sent à le faire [3]. »

Le dégoût, toutefois, devait le gagner en voyant l'indifférence hautaine qu'on avait au-dessus de lui pour cette règle de la vraie grandeur, qui consiste à mettre son plaisir dans le pouvoir plus grand de contribuer à la félicité des autres hommes [4]. Comparant

---

[1] T. I, p. 178. — Plus loin, p. 195, il reprend la même pensée dans les mêmes termes.
[2] V. plus haut, p. 180-181.
[3] T. I, p. 166.
[4] T. I, p. 343. L'auteur des *Sentiments critiques*, p. 311-312, remarque avec raison que cette pensée

alors ce qu'il eût fait avec ce qu'il voyait faire; se mesurant pour l'esprit et pour le cœur avec ceux qui le dominaient par le rang, il écrivit que la seule chose pour laquelle il leur portât envie était « le bonheur d'avoir à leur service des gens qui les égalent par le cœur et par l'esprit, et qui les passent quelquefois[1]. » Fière pensée dont nous n'avons pas été surpris de trouver le germe dans Cervantes[2], mais avec moins d'accent.

Cervantes s'arrête aux valets qui égalent leurs maîtres; La Bruyère va jusqu'à ceux qui les passent. De son temps, les grands, tels que M. le Prince, avaient baissé; les petits, dont il était lui-même, avaient monté.

Son Altesse semblait avoir conscience de cette supériorité venue d'en bas et qui le débordait; aussi se réfugiait-il volontiers, pour ne pas avoir à la craindre, dans la partie plus basse de sa domesticité.

Les bouffons, comme Santeul, étaient surtout son fait, et nous avons vu qu'en

---

se trouve dans le *Panégyrique de Théodose*, par Pacatus, à qui La Bruyère ne fit pas que cet emprunt.

[1] T. I, p. 333.
[2] Traduct. Viardot, in-12, t. III, p. 363.

effet le moine facétieux, le chanoine *irrégulier* de Saint-Victor, comme on l'appelait à la Cour, était sa plus chère compagnie[1]. Il le trouvait facile à tout ce qu'il voulait, sans aucune de ces révoltes de dignité qu'il eût, au contraire, rencontrées chez notre disciple d'Antisthène, avec l'aigre assaisonnement de quelque repartie. « M. le Prince, dit Bouhier, à la suite d'un passage déjà cité plus haut[2], faisoit à Santeul cent niches qu'il prenoit fort bien, au lieu que La Bruyère ne s'en seroit pas accommodé. »

Le bouffon parti, M. le Prince se livrait à d'autres gens dont la complaisance ne lui était pas moins acquise sans rebuffade de sincérité[3] : c'étaient ses secrétaires, vraie bande de dix ou vingt. Il n'avait que cette magnificence[4]. Quand il avait occupé quelque temps, au milieu de cette troupe écrivassière, l'âme oisive que La Bruyère prête aux grands[5], et qu'on trouvait chez M. le Prince plus que chez tout autre;

---

[1] V. plus haut, p. 237.
[2] *Id. ibid.*
[3] Les gens sincères lui avaient toujours déplu. Guitaud avait dû le quitter pour cela du temps qu'il était M. le Duc. Lettre de Mme de Sévigné, 25 oct. 1673.
[4] Lassay, *Recueil*, t. II, p. 341.
[5] T. II, p. 355.

quand il s'était bien évertué et perdu dans les ordres qu'il donnait, il descendait encore, il tombait dans la pleine valetaille, qui dès lors le possédait, et parfois ne le lâchait plus pendant des mois entiers, au grand déplaisir de ceux qui avaient besoin de l'approcher, et à qui répugnait l'ennui de ces entours et de cette sorte de garde subalterne. Lassay, qui en souffrit, La Bruyère, qui s'en révolta plus d'une fois, se sont encore expliqués l'un et l'autre, presque en termes pareils, sur cette sorte d'accaparement du Prince par les valets, auquel Condé lui-même n'avait pas échappé, mais dont le fils fut encore bien mieux la proie.

« Les cabales de leurs petites cours, dit Lassay en pensant aux Condé [1], l'insolence de leurs valets, avec lesquels il ne faut jamais se commettre et dont il est bien plus sage de souffrir, tout devient insupportable. » Ce qui revient à la conclusion du passage de La Bruyère [2] : « Le suisse, le valet de chambre, l'homme de livrée, mettent tous ceux qui entrent par leur porte et montent leur escalier, indifféremment, au-dessous d'eux et de

---

[1] *Recueil*, t. II, p. 473.
[2] T. I, p. 344.

leurs maîtres, tant il est vrai qu'on est destiné à souffrir des grands et de ce qui leur appartient. »

D'autres gens, à qui M. le Prince se livrait aussi, mais en des heures plus dignes, convenaient mieux à La Bruyère. De ceux-là il eût consenti lui-même à faire sa société : c'étaient les hommes de Parlement dont M. le Prince s'entourait « pour les intéresser à ses affaires[1], » et près desquels notre homme, en sa qualité d'avocat, pouvait encore le servir.

De même que pour les lettres, il me semble qu'il fut, dans cette maison, une sorte de consultant pour le droit, ou tout au moins d'intermédiaire près de ceux qui en traitent. C'est alors qu'il put se convaincre de l'antagonisme grandissant entre les personnes de Cour et les hommes de robe; entre l'inaccessible hauteur des unes et la morgue non moins dédaigneuse des autres, impatients, depuis la Fronde, d'une revanche que leur donna le xviiie siècle; c'est alors enfin que, si bien placé pour juger d'une haine mutuelle, mal déguisée sous les faux semblants de la déférence d'une part ou du respect de

---

[1] Saint-Simon, in-18, t. IV, p. 344.

l'autre, il put dire des gens de Cour et de la magistrature qu'ils « se méprisent réciproquement [1]. »

On ne voyait pas que ces robes noires du Palais chez M. le Prince : « Quelques jésuites savants lui tenoient compagnie, » dit Saint-Simon [2], qui, par malheur, n'en nomme aucun et nous oblige ainsi aux hypothèses. Or, parmi les érudits de la société de Jésus qui devaient, selon moi, faire ainsi de fréquentes visites à l'hôtel de Condé et à Chantilly, se trouvait, je n'en doute pas, le P. Bouhours. Si La Bruyère le connut ailleurs, c'est là qu'il dut le mieux continuer cette connaissance que fortifia l'estime.

Bouhours est un des rares écrivains qu'il nomme en toutes lettres, parce qu'il le nomme pour le louer [3]. Le R. P. lui rendait la pareille. Quoi que Bonaventure d'Argonne ait pu dire [4] en assurant que Bouhours n'avait pas pour les *Caractères* autant d'estime au fond qu'en apparence, je réponds qu'il y avait entre eux échange com-

---
[1] T. II, p. 347.
[2] T. IV, p. 345.
[3] T. I, p. 142.
[4] *Mélanges*, 1ʳᵉ édit., p. 356-357.

plet de sympathies littéraires et d'estime personnelle. Dans la lettre de La Bruyère que nous avons vue à Londres, le savant et bon [1] jésuite est la première personne dont il parle, et c'est avec un regret pour son absence : « Je suis fâché, dit-il, que le P. Bouhours ne soit pas revenu. »

La lettre est datée du 10 juin, sans indication d'année, mais probablement de Chantilly, où La Bruyère passait une partie de ses étés, et qui, par la solitude dans laquelle M. le Prince le laissait le plus souvent, devait lui faire désirer cette société savante, ces entretiens, dont quelques-uns me semblent se reproduire par échos dans ceux d'*Ariste* et d'*Eugène*, qu'a publiés le P. Bouhours. On a de lui aussi un recueil longtemps célèbre de *Pensées ingénieuses*. Celles de La Bruyère n'y sont pas oubliées. Peu de livres sont aussi souvent cités que le sien [2], et, ce qui ne surprendra pas, c'est surtout, c'est presque exclusivement au sujet des Grands que Bouhours tire des *Caractères* les passages qu'il cite avec éloge.

[1] Le P. Bouhours était la politesse et l'indulgence mêmes. *Longueruana*, 2ᵉ partie, p. 126.
[2] V. p. 193, 226, 252, 286, 320, 375, 413.

Ayant pu voir La Bruyère avec M. le Prince et son entourage de courtisans, il avait jugé par lui-même de la justesse des saillies, de la ressemblance des portraits. Il ne faudrait donc que cette reproduction du tableau par l'un de ceux qui l'avaient vu faire, et qui en avaient pour ainsi dire surpris les originaux s'agitant sous l'œil même du peintre, pour ne pas douter de son exactitude.

Un peu d'exagération dans le trait, de grossissement dans le contour, de violence dans la couleur, y sont les seuls défauts du portraitiste, qui, sans le vouloir et comme entraîné par le comique inhérent à son génie, arrive, en pensant ne crayonner qu'un portrait, jusqu'à la caricature presque bouffonne. Peintre de tempérament et de passion, il chargeait, malgré lui, en poussant au relief, et cela non-seulement quand il écrivait, mais encore lorsqu'il parlait, lorsqu'il contait. La moindre anecdote prenait, sous sa parole, l'accent animé et un peu grossi, la saillie un peu forcée qu'il lui eût fallu pour le théâtre. En contant, il mettait en scène. Il jouait ses contes, comme Théophraste son maître jouait et mimait ses leçons [1].

Athénée, liv. I, ch. 38.—Beaucoup, et des plus

On en va juger par le seul qui ait survécu de tous ceux dont, aux jours de gaieté intime, il devait amuser les conversations; je le citerai d'autant plus volontiers qu'on ne l'a jamais réuni aux traits trop rares de sa vie, et qu'il nous laissera dans cette société des bons Pères, qui étaient sa meilleure distraction à Chantilly.

On sait à quel point il fut puriste, surtout pour ce qui regarde la concision du style. Il y voulait la plus stricte économie de mots; les synonymes, dont il a dit « qu'ils sont plusieurs dictions ou plusieurs phrases différentes qui signifient une même chose[1], » lui semblaient, dès qu'on les accumulait, le plus stérile des luxes, la plus ridicule des

graves, même au siècle qui suivit, se jetaient volontiers dans ces fantaisies de l'anecdote en action et du conte mimé. C'était un des talents de société de D'Alembert, « pantomime et polisson au possible, » quand il était avec des amis, comme l'abbé Galiani le lui dit à lui-même dans sa lettre du 23 septembre 1773. V. aussi Lauraguais, *Lettres à madame* ***, 1802, in-8°, p. 79. — Un grain de gaieté, même folle, ne sied pas mal aux gens raisonnables. Dans les *Pensées diverses* de Montesquieu se trouve celle-ci : « J'ai toujours vu que pour réussir dans le monde, il falloit avoir l'air fou et être sage. »

[1] T. I, p. 155.

profusions. C'est à ce propos qu'il contait ce qu'on va lire, d'après Bouhier, qui le tenait de lui-même : « J'ay ouy dire à feu La Bruyère, écrit-il [1], qu'il avoit vu à Chantilly un jésuite qui soutenoit que les synonymes faisoient la meilleure et la plus agréable partie de l'éloquence. Et en effet, le jour des Trepassez, il commença ainsi son sermon : *Messieurs, le jour d'aujourd'huy est un jour où l'Église et la Congrégation des fidèles fête, célèbre et solennise la mémoire et commémoration des morts, des défunts et des trepassez.* »

Ce R. P., aux infatigables énumérations de mots, se retrouvera dans le livre de La Bruyère, au chapitre de la *Chaire*. Il sera de ceux dont il dit : « Depuis trente années, on prête l'oreille aux rhéteurs, aux déclamateurs, aux *énumérateurs* [2]. » Mais là sa velléité de satire n'ira pas plus loin : un mot, ce sera tout.

Quoiqu'il se soit par instants emporté jusqu'à la bouffonnerie dans son livre, on

---

[1] *Recueil de Particularités*, f. Bouhier, n° 178, p. 73-74.

[2] T. II, p. 196. A la page 193 il avait déjà parlé des *énumérations*.

sent qu'il la redoute. Le comique écrit lui fait peur, tout en l'attirant. Le sans-gêne des entretiens lui rend sa liberté. C'est alors qu'il se livre à ces écarts bouffons qui le feront moquer chez M. le Duc, réprimander par Phélypeaux, mais qu'il aime, en trouvant qu'il faut être un homme « à vue courte » pour ne pas s'y plaire. « Où ils voient l'agréable ils excluent le solide, » dit-il de ces gens-là ; et il ajoute, songeant à ses prétentions de beau danseur [1] : « Ils ôtent de l'histoire de Socrate qu'il ait dansé [2]. »

Il ne sera pas sans doute ce qu'était Santeul, vrai pasquin en robe de moine, dont le comique tombait dans la folie ; mais il sera ce que devait être Molière, quand, ayant écrit une scène, il venait l'essayer dans le monde, et la jouait à souper, au bout d'une table [3]. Il jouera ses *Caractères* dans le négligé d'une première toilette [4], comme Molière jouait ses pièces dans le déshabillé sans ordre d'une représentation d'essai.

[1] V. plus haut, p. 260.
[2] Edit. Destailleur, t. I, p. 174.
[3] V. *l'Impromptu de l'hôtel de Condé*, dans les *Contemporains de Molière*, de V. Fournel, t. I, p. 256.
[4] V. plus haut, p. 81-82.

J'ai plaisir à les rapprocher l'un de l'autre, parce qu'ils sont, en effet, des génies de même famille, et parce que La Bruyère, en se montrant dans maint endroit préoccupé des œuvres de l'autre, et ardent à les refaire, prouve cette sorte de parenté, de la même façon que, dans le monde, on se dénonce cousins ou frères par l'émulation des intérêts pareils, par l'envie de se mêler des mêmes affaires.

« La Bruyère, dit l'abbé Trublet [1], qui avait pu souvent parler de lui avec Fontenelle, a tracé presque tous les caractères, et notamment ceux que Molière avoit mis au théâtre. » Il ne cite pas d'exemple, parce que tout le monde connaissait ceux qu'il aurait pu citer. Ils sautent aux yeux de quiconque a fréquenté le livre de l'un, le répertoire de l'autre.

La Bruyère l'admirait. C'est, avec La Fontaine, celui de ses contemporains dont il aime le mieux à mettre le nom en saillie dans ses pages [2], quoiqu'il ne trouve pas toujours son langage assez pur, et qu'il lui reproche le jargon et le *barbarisme* [3].

---

[1] *Mémoires sur Fontenelle*, 1759, in-8°, p. 53.
[2] T. II, p. 93-94.
[3] T. II, p. 145. — Marmontel a voulu sur ce point-

Indépendant en ses admirations, comme en toutes choses; critique d'instinct, avec la conscience d'une force qui lui permettrait de recommencer l'œuvre critiquée; poussé ainsi d'émulation par nature et par raisonnement, il devait se prendre à Molière, dont le génie, je le répète, avait avec le sien une ressemblance qui appelait la rivalité. Il s'y prit, en effet, non à moitié, mais en pleine lutte, sur le terrain même des chefs-d'œuvre.

Je ne vous parlerai pas de quelques escarmouches de détail, comme en ces passages où, par son éloge des gens qui n'ont pas honte d'être érudits[1] et des femmes qui daignent savoir bien écrire, il rompt en visière avec la thèse qu'avaient fait triompher *les Femmes savantes*, et commence ainsi, pour l'honneur de l'esprit féminin, un combat que nous lui verrons reprendre, quand il demandera qu'on mette les femmes à l'Académie; je n'insisterai même pas sur le trop court passage où son *Timon*, le misanthrope, qu'il veut « extérieurement civil et cérémonieux[2], »

là justifier Molière contre La Bruyère. V. l'*Almanach litt.* de 1780, p. 160.

[1] T. II, p. 92.
[2] *Ibid.*, p. 84.

avec une « âme austère et farouche, » semble être la contradiction flagrante d'Alceste, brutal et emporté; j'arriverai tout de suite au personnage qu'il a le plus ostensiblement pris dans le répertoire de Molière, avec l'intention de le refaire, de le recomposer pièce à pièce.

On voit que je veux parler d'*Onuphre,* ce frère de Tartuffe qui craint tant d'être son ménechme.

La Mothe dit de La Bruyère, composant ce portrait : « Il commence toujours par effacer un trait de Tartuffe, et ensuite en recouche un tout contraire [1]. » C'est fort juste.

Pour cette refonte du type, qui, avec les plus complètes différences, arrive à une ressemblance aussi parfaite, et prouve ainsi, mieux que tout le reste, combien l'hypocrisie, avec l'unité du fond immuable, a de variétés de forme; La Bruyère fut servi par le terrain nouveau sur lequel il pouvait le faire mouvoir dans son livre. Molière en avait donné la comédie, et, partant du point de vue scénique, avait dû tout sacrifier au re-

---

[1] Trublet cite en l'approuvant ce trait de La Mothe. *Mém. sur Fontenelle,* p. 53.

lief, à l'action. La Bruyère, au contraire, qui en fait le roman, se trouve avoir, avec une moindre nécessité d'effet, des moyens d'exécution tout autres. Cette différence des ressources chez les deux peintres a été pour beaucoup dans la dissemblance des portraits.

Pour Tartuffe, personnage de scène, tout doit être en vue et agissant; or, jugez des gênes et des entraves : faire agir un type dont la préoccupation est de dissimuler ce qu'il fait; le mettre sans cesse en vue, lui qui se cache toujours ! On sait avec quel génie Molière s'en est tiré. La difficulté n'était pas si grande pour La Bruyère. Son terrain vaut mieux; il y peut creuser des mines et contre-mines où cheminera la pensée d'Onuphre, pendant que son visage et ses façons d'être diront autre chose au grand jour. Le livre admet les sous-entendus, il s'y complaît même; le théâtre les repousse. Aussi l'hypocrite de la comédie n'en a-t-il presque pas, quand celui des *Caractères* en est plein.

Onuphre peut garder son masque; Tartuffe, un moment venu, doit jeter le sien. Onuphre peut ne pas faire de fautes de conduite; pour l'action de la scène, Tartuffe en a besoin. Onuphre peut rester dans le cadre du portrait tracé par Platon dans sa *République* : « Le chef-d'œuvre de la scélératesse, c'est de paraître homme de bien sans l'être. L'hypocrite, en commettant les plus grands crimes, saura se faire la réputation d'honnête homme. » Tartuffe, pour les exigences du mouvement, et surtout pour les nécessités de la morale, sans laquelle nul drame n'est possible, doit se perdre par quelques écarts qui le fassent punir.

Comme son misanthrope, que nous avons vu tout à l'heure cérémonieux et civil, avec de l'austérité au dedans, l'hypocrite de La Bruyère est intérieur et souterrain. Ainsi que Timon, farouche sous sa politesse, il est du monde : Alceste et Tartuffe sont du théâtre.

Molière eut du courage quand il fit son *imposteur*. La Bruyère en eut autant, si ce n'est plus, quand il peignit *Onuphre*. Le danger n'était pas le même; il était peut-être plus grand. *Tartuffe* avait attaqué de front le vice d'une cabale, en ayant pour soi le parti de la jeunesse que menait en personne un roi jeune et galant. Quand parut le *caractère* d'Onuphre, ce roi était devenu vieux : s'il n'avait pas à s'y reconnaître lui-même, au moins pouvait-il y retrouver la plupart de ceux dont sa vieillesse bigote, remords d'une jeunesse qui avait permis la comédie de Molière, aimait à s'entourer.

A l'époque galante du règne, s'amuser du *Tartuffe* et bafouer ceux qu'on y joue avait été de bon ton. Dans la période caduque où chacun, ne pouvant se faire vieux pour flatter la sénilité du roi, s'efforce au moins de paraître dévot pour complaire à sa dévotion: on est aussi bon courtisan si, loin de rire d'Onuphre, Tartuffe nouveau, on le devient soi-même. C'est une vogue, une furie; aussi, dans quel chapitre La Bruyère a-t-il mis son dévot? On ne le croirait pas si l'on ne connaissait sa malice attentive, prompte à se prendre et s'aiguiser à tout : il a mis Onuphre au chapitre de la *Mode*[1], comme il avait mis ce qu'il dit des *directeurs* de conscience, au chapitre des *Femmes*[2]!

Pour lui, rien n'était convaincu ni sincère dans la dévotion du jour. Ce n'était que caprice, fantaisie d'un genre nouveau. Vienne un prince plus jeune, et l'on retour-

[1] T. II, p. 154.
[2] T. I, p. 191-192.

nera gaiement aux satires indévotes, dont *Tartuffe* a été l'œuvre culminante pendant la jeunesse du roi; on ne priera plus avec les chattes-mites de Versailles, on hurlera avec les loups de la Régence. La Bruyère la sent venir et devine déjà quelle en sera la cour : il y reconnaît en pleine impiété ceux qu'il a vus en pleine dévotion auprès de Louis XIV. Pour compléter son portrait d'*Onuphre*, le dévot à la *mode* en 1691, il ajoute donc au même chapitre, dans l'édition de l'année suivante, ce trait ineffaçable, comme l'a si bien dit M. Sainte-Beuve, ce trait prophétique : « Un dévot est celui qui, sous un roi athée, seroit athée [1]. »

---

[1] T. II, p. 152.—Le caractère d'*Onuphre* parut, en juin 1691, dans la 6ᵉ édition. Jusqu'alors La Bruyère avait différé, comme il le dit, t. I, p. 191, ne se prenant par échappée qu'à quelques détails du faux prosélytisme des moines qui cherchaient à greffer une religion sur l'autre, et à persuader qu'en dehors de la foi telle qu'ils l'entendaient tout était sacrilége. « N'y a-t-il pas, avait-il dit, t. I, p. 169, dès la première édition, n'y a-t-il pas dans l'Église une puissance à qui il appartienne ou de faire taire le pasteur, ou de suspendre pour un temps le pouvoir du *Barnabite*? » C'est celui-ci qui dut se taire. Ce qu'on vient de lire avait

Il avait d'abord, comme Molière dans sa comédie, opposé dans son livre le portrait du dévot sincère à celui du dévot de parade. Dans la sixième édition, l'on put en voir la lumière à côté de l'ombre de l'autre. L'an d'après, il l'enleva. Ce *caractère* ne lui semblait-il pas aussi heureusement tracé que le reste? L'avait-il effacé par un de ces caprices d'observateur *humoriste* qui lui firent supprimer ou corriger plus d'un autre passage, et dont il a dit[1] : « Ceux qui écrivent *par humeur*[2] sont sujets à retoucher à leurs ouvrages... Ils se refroidissent bientôt pour les expressions et les termes qu'ils ont le plus aimés. » Ou bien était-ce qu'en 1692 il n'y avait plus de dévot assez sincère à son gré? C'est possible. Il avait écrit son *caractère* de la vraie dévotion en pensant au duc de Beauvilliers, toutes les *clés* le disent[3]. Il

été écrit à la fin de 1687. Le 31 janvier suivant, Dangeau annonça qu'un *Barnabite* accusé de *molinosisme* (sic) venait d'être arrêté. Ce doit être celui de La Bruyère.

[1] T. I, p. 135.

[2] Quand il parle d'un homme d'humeur, c'est de lui-même qu'il parle. V. p. 275.

[3] Gacon lui-même, dans la 10ᵉ satire du *Poëte sans*

mourut. La Bruyère pensa que le portrait pourrait s'adapter à la ressemblance de quelque autre honnête homme, qu'il espéra, qu'il attendit, mais qui ne vint pas. C'est alors que, las d'attendre, il aura supprimé le portrait, qui, suivant lui, ne ressemblait plus à personne.

Pour sa petite guerre contre la dévotion de mode et la courtisannerie de confessionnal, qui était alors le seul moyen de succès à Versailles, La Bruyère n'avait dû trouver que des encouragements à Chantilly. M. le Prince, en effet, ne donna jamais dans ces simagrées, si contraires à son humeur impétueuse, et comme ce qui faisait fortune à la Cour le trouvait assez volontiers enclin à une raillerie hostile, il ne lui déplut pas certainement qu'on se moquât un peu chez lui de la comédie de piété en faveur chez le roi. S'il avait, comme nous l'avons vu, quelques jésuites parmi les personnes de son entourage, ce n'était que pour leur savoir, qui l'instruisait en l'amusant, mais nullement par raison de piété. Quand, sur sa fin même, il revint à

---

fard, p. 44-45, donne Beauvilliers pour le modèle du vrai dévot.

la foi sérieuse, il les quitta. N'est-ce pas à un confesseur de la congrégation ennemie, à un Père de l'Oratoire qu'il confia ses derniers instants [1] ? Il y eut là, de sa part, un esprit d'opposition ou tout au moins de contradiction qu'on peut suivre dans presque tous les actes de sa vie, frivoles ou graves.

C'est ainsi, pour revenir au profane, sans quitter toutefois La Bruyère et les encouragements qu'il trouvait à Chantilly pour ses critiques, c'est ainsi que M. le Prince avait, par exemple, été l'un des opposants à la gloire de Molière dans le temps qu'elle florissait le mieux à la Cour. En cela, il contrariait jusqu'au goût de son père, le grand Condé, mais il applaudissait d'avance à ce que La Bruyère tenterait plus tard pour refaire à sa façon quelques types de Molière. Un des grands ennemis de celui-ci, Benserade, avait été de ses protégés. C'est à lui qu'il avait donné raison dans le temps de leur lutte [2], quitte à

---

[1] Saint-Simon, édit. Hachette, in 18, t. IV, p. 346-348.

[2] V. la *Vie de Molière* par Grimarest, dans la collection des *Mém. sur l'Art dram.*, p. 160. V. aussi sur l'hostilité de M. le Prince, alors duc d'Enghien, con-

l'abandonner par la suite, comme il fit en effet, au moment où La Bruyère, son protégé nouveau, prit si bien l'ancien à partie sous le nom de *Théobalde*.

L'inconsistance de M. le Prince, son inégalité d'humeur, si bien décrites dans les *Mémoires* de Mademoiselle, puis, d'après elle, par Saint-Simon [1]; ses caprices toujours en mouvement, et qui ne craignaient rien, pas même de tomber dans l'ingratitude, se font encore voir là tels qu'ils étaient, tels que nous les connaissons déjà.

Le fils de Condé ne se trouvait un peu d'accord avec lui-même, et assez ferme dans ses idées, que lorsqu'il s'agissait de cette émulation avec Versailles dont nous parlions tout à l'heure. Mettre Chantilly sur le même pied de magnificence était son seul rêve vraiment stable. Alors même son avarice cédait, mais pour se reprendre, il est vrai, presque aussitôt d'un autre côté. Si, par exemple, tant de choses étaient en souffrance dans sa

---

tre Molière, l'excellent ouvrage de M. Fournel, *les Contemporains de Molière*, t. I, p. 129, 239, 521.

[1] V. Chéruel, *Saint-Simon considéré comme historien de Louis XIV*, 1865, in-8°, p. 484.

domesticité; si tant de places y restaient, comme nous l'avons dit, vacantes ou mal payées; si tant de gens ne craignaient pas d'y paraître mécontents, c'est que M. le Prince employait en des travaux d'inutile splendeur, dépensait en des efforts de fastueuse et vaine émulation l'argent qui aurait dû les satisfaire.

Il faisait tailler dans la forêt des allées qui rivalisaient de largeur et d'étendue avec celles de Versailles; il entourait de murailles l'immensité de son parc [1]; pour mieux éclipser celui du roi, si sec dans son désert sans eau, il achevait ce beau canal de Chantilly, commencé par son père, où la Nonnette et la Thève, que La Bruyère désigne sous les noms de Lignon et d'Yvette [2], avaient confondu leurs eaux; enfin, chaque jour, il courait les jardins, « ses délices, » épuisant tout ce qu'il avait d'idées et d'argent « pour raccommoder et embellir [3]; » mais cependant au château même, dans le bâtiment des gen-

---

[1] Piganiol, *Descript. de Paris et de ses environs*, t. IX, p. 74.

[2] T. II, p. 229.

[3] Saint-Simon, t. IV, p. 345.

tilshommes [1], comme ailleurs, on souffrait de la gêne, on se plaignait, et La Bruyère pouvait encore écrire [2] : « Les grands se piquent d'ouvrir une allée dans une forêt, de soutenir des terres par une longue muraille, de faire venir dix pouces d'eau, de meubler une orangerie; mais de rendre un cœur content, de combler une âme de joie, de prévenir d'extrêmes besoins ou d'y remédier, leur curiosité ne s'étend pas jusque-là. »

Si M. le Prince n'était pas *curieux* de bienfaits dans son intérieur, parmi son *domestique*, il l'était de magnificence à certains jours où son envie d'éclipser Versailles par l'éclat de quelque belle fête l'emportait encore sur son avarice ordinaire. C'était un goût de jeunesse que la vue des réjouissances royales, et l'envie de les imiter ou même de faire mieux avaient entretenu en lui. Dès 1668, on disait déjà dans le *Portrait de la Cour* « qu'il se plairoit fort à la magnificence du jeu, des ballets, du train des maisons et des autres choses splendides, » s'il n'était en cela retenu et modéré par la prudence économe

---

[1] Piganiol, t. IX, p. 102.—Ce bâtiment, où logeait La Bruyère, allait jusqu'à la grande rue de Chantilly.
[2] T. II, p. 333.

de son père. Plus tard, ce fut sa propre économie qui le retint et le régla. Il donna des fêtes, mais rarement, parce qu'étant d'humeur ménagère et ne voulant pas moins « faire les honneurs de chez soi aussi parfaitement que personne [1], » il se donnait le temps d'économiser, entre deux fêtes, l'argent qu'il fallait pour payer la première et préparer la seconde.

La plus célèbre de celles dont « il régala, » toute la Cour à Chantilly fut, en 1688, cette fameuse *feste Dauphine*, qu'on nomma ainsi parce que le Dauphin en était le héros, et qui ne dura pas moins de huit jours, du 22 au 30 août.

Il y avait un peu plus d'un an et demi que Condé était mort. Son fils, à cause du deuil, n'avait pu encore prendre solennellement possession du titre de M. le Prince, qu'il fut le dernier à porter [2].

Il usa de l'occasion pour faire acte de magnificence, avec le meilleur goût du monde, quitte à ne pas recommencer de longtemps.

[1] Saint-Simon, édit. Hachette, in-18, t. IV, p. 345.
[2] Son fils, qui aurait dû le prendre après lui, reçut un ordre du roi pour garder celui de M. le Duc. Saint-Simon, *ibid.*, p. 555, 557.

Jamais il ne mérita mieux qu'alors un des rares éloges que Saint-Simon ait faits de lui : « Personne n'a porté si loin l'invention, l'exécution, l'industrie, les agréments ni la magnificence des fêtes dont il savoit surprendre et enchanter, et dans toutes les espèces imaginables [1]. »

La variété dans la splendeur fut un des charmes de cette grande semaine. Il y eut, pour ne particulariser que quelques détails entre mille [2] : collation magnifique au *carrefour de la Table*, dans la forêt de Chantilly; *chasse* dans l'étang de Comelle, où l'on avait lancé des cerfs que les dames, montées sur des barques ornées de feuillage, prenaient au lacet et ramenaient tremblants au rivage, pour leur rendre la liberté; puis collation encore au centre du *labyrinthe* de Chantilly, et comme point culminant de la fête, représentation d'un opéra fait exprès, sous

[1] Saint-Simon, édit. Hachette, in-18, t. IV, p. 344.
[2] On peut les lire tous dans le livret qui a pour titre : LA FESTE DE CHANTILLY, *contenant tout ce qui s'est passé pendant le séjour que Monseigneur le Dauphin y a fait, avec une description du château et des fontaines*, à Paris, chez Michel Guérout, 1688, in-12.

le titre d'*Orontée*[1]. Les paroles étaient de Leclerc, l'académicien ; la musique, de l'Italien Lorenzani, et les divertissements du danseur Pécourt, le même que La Bruyère a quelque part appelé *Bathylle*, en faisant allusion à ses succès près des femmes [2].

Il n'a pas non plus oublié Lorenzani, que cette fête de Chantilly avait pu lui faire con-

[1] V. dans les *manuscrits* de M. de Trallage, qui sont à l'Arsenal, la liasse n° 3, feuillet n° 248, v°.

[2] T. I, p. 187-188. — Comme ami de la danse, qui « sèche de voir danser et de ne danser pas » (t. II, p. 220), il mentionne volontiers les danseurs ; ainsi (t. II, p. 160) il cite comme dansant d'un « air noble, » Favier, dont parlent aussi madame de Sévigné, *Lettre* du 24 juillet 1689, et Dangeau, *Journal*, 19 nov. 1687. — En même temps que *Bathylle*, Pécourt, il avait nommé *Cobus*, le fameux « Basque sauteur, » alors un peu vieilli, mais toujours couru des femmes, comme au temps où madame de Bertillac s'en était passé le caprice. V. « la France galante, » dans *l'Hist. amour. des Gaules*, édit. P. Jannet, t. II, p. 415-416. — Il est curieux de voir comme ce *moraliste* s'occupe des choses de l'Opéra et y revient. « Le bon ménage d'Amphion et de sa race, » comme il dit (t. I, p. 148), c'est-à-dire de Lulli et de Francine, son gendre et successeur, lui tient à l'esprit. Il sait, comme son nouvelliste, quand la Rochois est enrhumée ; et la mort de Beaumavielle, la basse-taille, est un événement pour lui. Suivant une *histoire de l'Acad. roy. de musique*, que le baron

naître. L'ayant retrouvé, lui et sa musique, à l'un de ces fameux *saluts* si fort en vogue [1] alors, avec leur appareil de grand opéra, surtout chez les Théatins du quai Malaquais [2], dont Lorenzani [3] était le grand pourvoyeur lyrique, il ne put se dispenser de dire :

Taylor possède manuscrite, Beaumavielle mourut en 1689, laissant ses meubles à son camarade Dumény; La Bruyère constata le fait dans son édition de l'année suivante. V. t. I, p. 290.

[1] Il était du dernier galant de régaler celle qu'on aimait par quelque beau *salut* en musique. « M. N..., lit-on dans le *Menagiana* (t. III, p. 71), s'est ruiné à donner des *vespres* à ses maîtresses. » On y avait les mêmes musiciens qu'au Concert des Tuileries, les mêmes violons.

[2] Les Petits-Pères avaient un pareil luxe de musique : « Un jour, dit La Monnoye (*Œuvres*, t. III, p. 269), qu'un évêque grand hypocrite faisoit dans l'église des Petits-Pères le panégyrique de leur fondateur, toute la musique de l'Opéra y étoit. Ce qui fit dire que ces Petits-Pères avoient donné deux comédies en un jour, l'Opéra et le *Tartuffe*. »

[3] « On sait, dit-il, que Lorenzani fait de beaux motets. » T. II, p. 160.—C'est, avec Lulli, le seul musicien dont il ait dit du bien. En général, il ne les aimait guère. Il trouvait surtout qu'ils avaient peu d'esprit, et que les exécutants, par exemple, même les plus forts, se remettaient trop « avec leur luth dans un même étui. » T. II, p. 108.

« Quoi! parce qu'on ne danse pas encore aux T. T., me forcera-t-on d'appeler tout ce spectacle office d'église [1]? »

Il avait peut-être reconnu dans ces motets chantés au Théatins la même musique qui avait réglé les pas de Pécourt à la fête de Chantilly!

M. le Prince, qui avait eu fort à cœur cette grande réjouissance, fut très-fier du succès qu'elle obtint. On lui fit plaisir de lui en rapporter tout l'honneur, et, par contre, il sut mauvais gré à ceux qui se l'attribuaient et s'en faisaient féliciter publiquement. Ce fut la faute que commirent Bérain, Bréar et Le Camus, en se laissant louer par le *Mer-*

---

[1] *Ibid.*, p. 168.—Ce fut un tel scandale qu'il fallut y mettre ordre : « On s'est plaint au Roy, écrit le 6 novembre 1685 M. de Seignelay à l'archevêque de Paris, que les Théatins, sous prétexte d'une dévotion aux âmes du purgatoire, faisoient chanter un véritable opéra dans leur église, où le monde se rend à dessein d'entendre la musique; que la porte en est gardée par deux suisses, qu'on y loue les chaises 10 sous; qu'à tous les changemens qui se font et à tout ce qu'on trouve moyen de mettre à cette dévotion, on fait des affiches, comme à une nouvelle représentation. » *Correspond. administ. de Louis XIV*, t. II, p. 602.

cure galant, de la plus hyperbolique manière : Bérain, pour la transformation de l'Orangerie en salle de spectacle [1]; Bréar et Le Camus, pour leur zèle dans le service des tables [2].

La Bruyère, qui n'aimait pas les gens du *Mercure*, auquel, dès la première édition, il avait si nettement dit son fait, en écrivant qu'il était « immédiatement au-dessous de rien [3], » ne manqua pas cette occasion nou-

[1] Les *clés* citent aussi Manse, qui avait pu prendre part en effet aux dispositions de la fête, comme ingénieur, chargé des eaux de Chantilly, où le pavillon de la pompe portait son nom. (*Voy. pittor. des environs de Paris.* 1779, in-8°, p. 428.) On lui devait une des pompes construites en 1670 sur le pont Notre-Dame. (Piganiol, *Descrip. de Paris*, t. II, p. 62.) Manse devait être en crédit près de M. le Prince qui se divertissait, dit Saint-Simon, t. IV, p. 345, « à des choses... de mécanique auxquelles il se connoissoit très-bien. »

[2] Bérain donna un dessin de la *Collation dans le labyrinthe*, qui a été gravé par Dolivard. Il se trouve à la Bibliothèque impériale, où il vint sans doute avec beaucoup d'autres du même artiste, dont, lorsqu'il fut mort, Durondray fit une collection achetée plus tard, pour le roi, par l'abbé Sallier. *Hist. manusc. de l'Académie royale de musique*, appart. au baron Taylor.

[3] Edit. Destailleur, t. I, p. 147.

velle de frapper sur lui par une bonne attaque à ceux qu'il louait trop : « Ils ont, dit-il dans l'édition de son livre qui suivit d'assez près ces fêtes et la relation du *Mercure* [1], ils ont fait le théâtre, ces empressés, les machines, les ballets, les vers, la musique, tout le spectacle, jusqu'à la salle où s'est donné le spectacle; j'entends les toits et les quatre murs dès leurs fondements. Qui doute que la *chasse* sur l'eau, l'enchantement de la *Table,* la merveille du *labyrinthe* ne soient encore de leur invention? J'en juge, par le mouvement qu'ils se donnent et par l'air content dont ils s'applaudissent sur tout le succès. » Puis ne marchandant pas à M. le Prince un éloge, que de l'aveu de tous il méritait, il ajoute qu'à « cette fête si superbe, si galante, si longtemps soutenue..., un seul a suffi pour le projet et pour la dépense [2]. »

[1] Elle parut dans le volume du mois de septembre 1688. La *description* citée plus haut, p. 363, ne fait que la reproduire.

[2] T. I, p. 148. — Le goût de M. le Prince était réellement des plus fins, et je ne suis pas surpris qu'on lui ait attribué une certaine action sur l'inspiration de La Bruyère écrivant les *Caractères* (V. plus haut, p. 91-92). N'est-ce pas de lui qu'était venue l'idée si ingénieuse du tableau de la galerie de Chan-

La platitude des louanges ne l'exaspérait pas moins que leur exagération mal placée. Le *Mercure* n'avait pas évité ce dernier écueil; l'autre, celui de la platitude, avait été pour un pauvre diable de rimeur, nommé Laurent, qui écrivit aussi sur cette fête, et que je soupçonne fort d'être le même que le Normand Robinet, successeur de Loret dans la rédaction de la *Gazette rimée*. Il la signait *du Laurens*, nom de la même famille que celui de *Laurent*; aussi, l'un me semble-t-il être l'autre. Je le crois d'autant mieux que Laurent commence, lorsque Robinet et du Laurens finissent.

Jusqu'en 1676, Robinet du Laurens rédige les extraordinaires de la *Gazette*[1]; puis, pour une cause qui nous échappe, il en disparaît. Comme il faut vivre et que Robinet est trop pauvre pour ne rien faire, trop vieux aussi pour se mettre à un autre métier [2], il revient

tilly, où l'on voyait la muse de l'histoire détacher de la vie de Condé, le feuillet qui racontait ses campagnes contre le roi? *Voy. pittor. aux environs de Paris*, p. 415.

[1] *Mercure*, may 1677, p. 31.

[2] Quand il mourut, en 1698, il avait quatre-vingt dix ans. *Mercure histor. et polit.*, may 1698, p. 557.

à ses anciennes gazettes en rimes. En 1677, l'année qui suit sa sortie de la *Gazette de France*, il commence et continue pendant un an des *Lettres en vers à leurs Altesses royales Monsieur et Madame*. Il cesse faute de réussite ; mais à chaque événement d'importance, à chaque fête qui doit marquer, tels que le *Carrousel Dauphin* du mois de mars 1685, il reprend, et l'on a de lui une relation en rimes.

A ce compte, la grande réjouissance de Chantilly lui revenait de droit. A peine cette semaine de fêtes est-elle achevée qu'il publie : *Lettre en vers, ou relation de ce qui s'est passé à la feste Dauphine de Chantilly, depuis le 22 aoust jusqu'au 30 du mesme mois* 1688. C'est un pauvre petit livret de vingt-quatre pages, en vers de huit pieds, comme l'était l'ancienne *Gazette rimée*, aussi détaillée, mais tout aussi plate. On ne le pardonna pas à Laurent, du moins chez M. le Prince, bien que jadis on lui eût en cela passé bien des choses. Sa discrétion dans les éloges avait été grande. Loin de faire comme le *Mercure* qui avait loué tout le monde, à peine avait-il nommé, lui, une seule des personnes qui avaient eu part aux prestiges de la fête, Le Bouteux, le jardinier de la Ville-l'Évêque [1], dont on avait tant admiré l'adresse :

Faisant aux arbres porter fleurs.

Cette épargne d'éloges subalternes dans le livret de Laurent n'avait malheureusement pas compensé l'économie correspondante de l'esprit et du style. M. le Prince, qu'il avait loué seul, n'eut pas satisfaction de l'être si mal. Il le récompensa, mais à la condition qu'on n'aurait plus à le récompenser de même. Laurent se le tint pour dit. Sauf une fois encore, en 1689, à l'occasion de la mort de la Reine d'Espagne, qui lui inspira une *Élégie* [2], il ne rima plus.

---

[1] Ce Le Bouteux, si oublié aujourd'hui, avait déjà été cité par Laurent, dans sa lettre en vers du 13 mars 1677, à cause des magnifiques bouquets qu'il apportait à la reine, même en hiver. Ses jardins étaient situés tout près de la maison où mourut Lulli, dans la rue de la Magdeleine, d'où lui était venu le nom de Le Bouteux de la Ville-L'Évêque que madame de Villedieu lui donne dans les *Mémoires de la vie de Henriette Sylvie de Molière*, 1701, in-12, p. 110, en ajoutant que ses jardins servaient de promenade. V. sur leur situation, le *ms. du f. fr.* à la Biblioth. imp., n° 8603, t. II, p. 64.

[2] *Élégie sur la mort de la Reine d'Espagne, arrivée en 1689*, par J. Laurent, in-4°.

La Bruyère, qui avait peut-être été pour quelque chose dans l'interdiction, bien récompensée, dont on avait frappé ses rimes, mais qui s'indignait en même temps de voir que leur sottise eût aussi des flatteurs,— Laurent était bien avec le *Mercure*—n'a pas dédaigné de le nommer, et cela dans un passage où certes l'on ne l'attendait guère.

Il s'agit des anciens de notre littérature et des modernes. Lesquels valent mieux, lesquels faut-il préférer? Grande question, suivant La Bruyère, et qu'on ne terminera pas, dit-il [1], « en comparant comme on le fait quelquefois... les vers de Laurent payé pour ne plus écrire à ceux de Marot et de Desportes. »

Cette phrase est encore de celles qui n'avaient pas été expliquées dans les *Caractères*, à cause de l'*incognito* que la gloire de Laurent avait gardé vis-à-vis de tous les commentateurs.

[1] T. II, p. 194.

XXXIV

Quand je me demande quelle devait être la contenance de La Bruyère au milieu de ces fêtes, et quel air il y portait, je me le représente attentif d'abord, fatigué bientôt de l'effort même de son attention, mal satisfait par ces frivolités somptueuses, puis de l'air ennuyé passant vite à l'air chagrin, et, comme le Vulteius d'Horace, à qui Valincourt le comparait tout à l'heure [1], redemandant son passé laborieux et solitaire.

« *Vitæ me redde priori*, » dit Vulteius à Philippe [2], et La Bruyère écrit sous l'impression d'un regret pareil [3] : « Il y a des lieux que l'on admire ; il y en a d'autres qui touchent, et où l'on aimeroit à vivre. » Chan-

---

[1] V. plus haut, p. 257.

[2] Horace, liv. I, épit. VII, v. 95. — C'est surtout à cause de son air un peu abrupt, qui le faisait prendre pour un soldat par les uns (V. p. 228), pour un paysan par les autres, que Valincourt a comparé La Bruyère à Vulteius. Le reproche de grossièreté que lui fait le marquis de Sablé (p. 232) vient aussi de là.

[3] T. I, p. 221.

tilly est un des lieux qu'il admirait, en désirant vivre ailleurs.

La vraie et sincère campagne, celle des paysans, voilà ce qui lui plaisait, pour se délasser de celle des parcs trop bien parés et des forêts sans solitude. « Il me semble, a-t-il dit encore [1], que l'on dépend des lieux pour l'esprit, l'humeur, la passion, le goût et le sentiment. » A Chantilly, l'humeur chagrine le prenait; à la campagne, c'étaient les idées plus sereines qui, par instants, souriant dans son livre.

On lui a reproché, Stendhal entre autres, de ne pas comprendre ce que nous appelons le *pittoresque*[2]. Au moins, ce qui vaut mieux, comprenait-il la nature, qu'il fut même un des premiers à nommer par son nom, au grand regret des puristes du temps [3] : « La nature, dit-il [4], n'est que pour ceux qui habi-

---

[1] *Ibid.*, p. 222.

[2] Cité par M. Sainte-Beuve, dans les *Causeries du Lundi*, t. IX, p. 260. — Le mot *pictoresque* (sic) était alors tout nouveau, je ne le trouve guère que dans les *Épîtres* de l'abbé de Villiers, livre I, ép. 2, à Rigaud.

[3] *Sentiments critiques*, p. 112.

[4] T. II, p. 127. Il se plaint ailleurs du dédain qu'on a pour les champs (t. I, p. 294) : « On s'élève à

tent la campagne ; eux seuls vivent, eux seuls du moins connoissent qu'ils vivent. »

Las du monde et cherchant à le fuir, comme Alceste; dégoûté de ce qu'on y voit d'injuste, il dit avec son *Héraclite*, après une des plus grandes injustices politiques de ce temps, l'usurpation de « l'homme pâle et livide, » comme il appelle Guillaume III[1] : « O pâtres, ô rustres qui habitez sous le chaume et dans les cabanes, si les événemens ne vont pas jusqu'à vous,... si l'on ne parle plus d'hommes dans vos contrées, mais seulement de renards et de loups cerviers, recevez-moi parmi vous à manger votre pain noir et à boire l'eau de vos citernes[2]. »

Ce *pain noir* des paysans, qui l'effraye moins que le luxe ne le dégoûte ailleurs, La Bruyère nous en avait déjà parlé dans une page plus célèbre et plus terrible, celle qui résume, en traits si effrayants qu'on les croirait excessifs, la misère des campagnes à son

---

la ville, dans une indifférence grossière des choses rurales et champêtres. » Le mot *rural* était nouveau aussi. La Fontaine, un des premiers, s'en était servi dans le conte de *Féronde*.

[1] *Ibid.*, p. 131.
[2] *Ibid.*, p. 134.

époque. Où l'avait-il surtout étudiée pour la peindre si bien ? c'est une question que je me suis souvent faite et qui était difficile à résoudre. Je ne sache pas, en effet, alors un seul coin des campagnes en France où il n'eût pu trouver le motif de son tableau.

L'Anglais Locke, parcourant le Midi, avait pu écrire [1], après sa visite aux Galères de Marseille : « Les galériens ont meilleure mine que les paysans. » Boursault, en 1688, n'avait pas dit moins sur les pauvres gens du Bourbonnais [2], que La Bruyère avait aussi pu voir et plaindre, en allant, comme Corneille [3] et Despréaux, prendre les eaux de Bourbon [4]. Près d'Orléans, où il alla, en 1664, prendre ses licences [5]; dans la Normandie, qu'en sa qualité de trésorier de France pour la généralité de Caen, il dut parcourir et connaître plus que toute autre province, l'état des paysans était aussi misérable. Les laboureurs des

---

[1] Extrait du *Voyage de Locke en France*, traduit dans la première *Revue de Paris*, t. XIV, p. 15.
[2] *Lettres nouvelles*, 1703, in-12, t. II, p. 186-188.
[3] V. *Bibl. de l'École des Chartes*, 1857, p. 360.
[4] V. plus haut, p. 200-201.
[5] V. plus bas, p. 430.

villes franches les ruinaient par leurs priviléges [1]; la noblesse et l'Eglise les décimaient [2]; l'impôt prenait le reste. En 1675, année qui précéda, selon nous, l'installation de La Bruyère dans sa charge, le président Pelot avait pu écrire à Colbert : « J'ay appris de différens endroits que dans le pays de Caux il y a de pauvres paysans qui vont en troupes demander l'aumosne [3]. »

Ce n'est pourtant, je crois, ni en Normandie, ni près d'Orléans, ni dans le Bourbonnais, ni dans la Provence où il dut aussi aller, si, comme je le pense, il fit le voyage d'Italie [4],

---

[1] *Correspond. adm. de Louis XIV*, t. III, p. 9-10.
[2] *Ibid.*, p. 185.
[3] *Ibid.*, p. 227.
[4] Dans un passage (t. II, p. 167) il parle du palais Farnèse en homme qui serait allé à Rome; d'autre part, nous avons vu (p. 32-34), qu'il savait l'italien; enfin, dans la lettre qui annonce sa mort à l'abbé Bossuet, on voit que sur ses derniers jours il semblait méditer un voyage à Rome, comme quelqu'un qui n'eût fait qu'y retourner (*Revue rétrospective*, 31 oct. 1835, p. 141). C'est tout cela qui nous donnerait à croire qu'il alla en Italie.—Il existe à la Bibliothèque impériale, dans le *f. fr.*, n° 6051, sous forme de *Lettre à un ami*, la relation manuscrite d'un voyage dans ce pays, qui est signée *l'abbé de La Bruyère*. Ne serait-ce pas lui? rien n'y répugne, pas même le

que La Bruyère vit, pour nous la dépeindre avec de si terribles couleurs, la désolation des gens de campagne : c'est en Bourgogne.

Plusieurs raisons me font croire qu'il eut en vue cette province, de préférence à toute autre. La première, c'est que depuis 1646 les Condé en étaient de père en fils « les illustres gouverneurs ; » la seconde, c'est qu'obligés de s'y rendre tous les trois ans, pour la tenue des États [1], et qu'emmenant d'ordinaire avec eux une partie de leur Cour, ils durent mettre certainement, une fois au moins, La Bruyère du voyage ; la troisième, c'est que celui-ci, en prenant sa description à l'endroit même où les Condé avaient, avec le pouvoir, l'obligation de faire le bien, ne traçait pas

titre d'abbé, car La Bruyère, ayant été de l'Oratoire (V. p. 27), aurait pu le prendre. Le P. Adry a dit d'ailleurs, dans une note citée par M. L. de Lincy (*Bull. du Biloph.*, fév. 1855, p. 52) : « J'ai lu quelque part qu'il avait été quelque temps ecclésiastique ; » dans sa jeunesse, sans doute : or, le voyage porte la date de 1666-1667, époque où il avait de vingt et un à vingt-deux ans, c'est-à-dire l'âge où l'on faisait ordinairement alors ces voyages à Rome, comme complément d'éducation.

— [1] *Annuaire hist. de la Société de l'hist. de France*, pour 1852, p. 200-201.

seulement un tableau, mais donnait une leçon; la quatrième, enfin, c'est que là, plus qu'ailleurs peut-être, ce tableau, tout sinistre qu'il fût, se rapportait avec la vérité.

Les preuves sont là, et où les trouvons-nous? En des documents que La Bruyère put voir, pour y ressaisir par les plaintes des intéressés un reflet des misères qui l'avaient frappé; c'est-à-dire en des suppliques adressées aux princes, ou bien encore en des lettres écrites par les États de Bourgogne à son ami et protecteur le ministre Pontchartrain. Je citerai une de ces lettres. On y verra que la désolation des campagnes de cette province, aujourd'hui si riche, n'avait jamais été plus grande qu'à l'époque dont nous parlons; que, commencée après Rocroy [1], aggravée pendant la Fronde [2], elle était au comble dans la seconde partie du règne de Louis XIV, et que La Bruyère, en son tableau qu'on a cru forcé, resta peut-être en deçà du vrai, bien loin d'aller au delà: « Jugez, Monseigneur, dit le secrétaire des États à Pontchartrain, jugez

[1] Rossignol, *Bailliage de Dijon après la bataille de Rocroy*, 1857, in-8°, p. 131, 145, 237-238.

[2] Feillet, *la Misère pendant la Fronde*, p. 467, 468 472.

de la misère où sont réduits les peuples de la province : ils meurent déjà communément de pure faim, et principalement dans le Charolois et l'Autunois, où il y a deux mois qu'ils ne vivent, pour la plupart, que de la seule racine de fougère. Ils sont attroupés dans les bois, d'où ils volent tout ce qu'ils peuvent attraper; ils mettent le feu la nuit dans les métairies, afin que le bétail se trouvant accablé dans les incendies, ils puissent en dévorer les restes [1]. »

Je ne sais si je me trompe, mais il me semble que ce tableau dépasse, surtout par le dernier trait, ce que La Bruyère a pu dire.

Ces paysans qui se font incendiaires d'étables pour se repaître des débris d'animaux échappés au feu, me paraissent plus effrayants peut-être que les sortes de bêtes fauves à face humaine qu'il nous montre « se retirant la nuit dans des tanières, pour y vivre de pain noir, d'eau et de racines [2]. »

Quand il les peignit il venait de les voir. Ce qu'il en dit, en effet, parut dans la quatrième

---

[1] Cité par M. Rossignol, *des Libertés de la Bourgogne*, 1851, in-8° p. 193-194.
[2] Édit. Destailleur, t. II, p. 76.

édition, en 1689; or, l'année auparavant il y avait eu, à Dijon, une « tenue d'États, » pour nous servir de sa propre expression [1], que M. le Prince avait, suivant l'usage, présidée en personne, et à laquelle je ne puis m'empêcher de croire que La Bruyère ait assisté lui-même. La meilleure preuve qu'il fut de « ce voyage d'honneur » à travers la Bourgogne, c'est qu'en outre du *Caractère* dont je viens de parler, presque tous ceux qui se rapportent à la province et aux provinciaux se trouvent dans l'édition de l'année suivante.

Il y revint sans doute; je crois même volontiers qu'il fut encore du voyage pour les États de 1691 [2], un an avant la septième édition, où il s'étonna de nouveau des « étranges découvertes » que la province peut four-

[1] *Ibid.*, t. I, p. 274.—Il donne les *tenues d'États* comme exemple de solennité. Du temps de M. le Prince Henri-Jules, elles avaient surtout pris ce caractère, au grand déplaisir de Bussy (V. sa lettre du 14 janvier 1677), et du président Bouhier, qui, dans son *Recueil de particularités*, reproche au prince de s'être « éloigné le premier de l'affabilité de ses ancêtres. » V. aussi Thomas, *une Province sous Louis XIV*, p. 24.

[2] La Cuisine, *Choix de Lettres*, t. II, p. 292.

nir à quiconque a des yeux [1]; mais, pour moi, sa plus belle moisson d'observations provinciales doit être la première, celle du voyage à Dijon, en 1688. Il va jusqu'à trouver moyen de nommer cette ville dans l'édition qui suivit [2], tant le souvenir l'en préoccupait.

Je ne pense pas, toutefois, que ce soit elle qu'il ait voulu peindre dans son esquisse de la petite ville [3]. Il n'eût pas fait cette injure à une ville d'États où trônait M. le Prince. Rien d'ailleurs dans ce qu'il dit ne se rapporte avec Dijon, ni même, je crois, avec aucune ville de Bourgogne. C'est dans une autre province, pour laquelle il avait plus de rancune, qu'il faut chercher celle-là. Nous prouverons peut-être qu'elle se trouvait en Normandie, et qu'elle y était plus qu'une « petite ville, » comme il a feint de l'appeler par un raffinement de malice, et pour mieux rabaisser le caquet d'un grand orgueil provincial.

La Bourgogne lui avait fourni assez d'observations pour qu'il n'eût pas besoin d'y chercher ce tableau de plus.

---

[1] Édit. Destailleur, t. II, p. 85.
[2] *Ibid.*, p. 6.
[3] T. I, p. 77.

Le type de ses paysans, avec leur misère et leurs superstitions [1] aurait pu lui suffire.

[1] C'est ainsi qu'il put voir en Bourgogne : les prodiges de la *baguette divinatoire* sur laquelle, en 1694, le P. Violet fit un *traité en forme de lettre*, dédié au président de Muci, du parlement de Dijon; et aussi cette divination par le *sas* ou le *tamis*, que nos *tables tournantes* ont renouvelée, et qui n'était nulle part plus en usage chez les paysans. (Bouhier, *Recueil de particularités*, p. 342-344.) Il y a fait lui-même allusion, dans l'édition qui suivit le voyage de 1688, quand il parle de ceux « qui connoissent le passé par le mouvement du *sas*. » (T. II, p. 188.) Croyait-il à ce sortilége? je ne le pense pas, mais en curieux intelligent, et qui voit loin, au lieu de les nier, il y cherchait quelque chose, comme en toute magie. Il y a là, disait-il (*ibid*), « des faits embarrassans... les admettre tous ou les nier tous paroît un égal inconvénient... Il y a là un parti à trouver entre les âmes crédules et les esprits forts. » Vraie pensée d'un sage qui ne fit pas loi chez les Condé, où la magie était volontiers admise et sans contrôle, comme on put le voir par ce qui arriva pour le fantôme de Chantilly, dont l'apparition avait, disait-on, annoncé la mort de Condé. (V. *Mém*. de M. de Sourches, t. II, p. 225; *Lettre* de madame de Sévigné, 13 décembre 1686.) — Condé s'était toujours occupé du merveilleux : ses expériences avec Arnauld (*Mém*. de l'abbé Arnauld, 2ᵉ part., p. 163), avec Bourdelot et la princesse Palatine (*Notes* de Saint-Simon sur Dangeau, 8 février 1685), en font foi. Il avait même étudié les phénomènes de la *baguette*, et en avait été surpris,

Il en rencontra d'autres qu'il ne manqua pas. Auprès du supplicié se trouvait le tourmenteur; auprès du paysan se tenait le seigneur : il lui dit son mot, comme il l'avait dit à l'autre. C'est aussi dans l'édition qui suivit le voyage de 1688 que se trouve sa pensée sur « le noble de province, inutile à la patrie [1], » haï du magistrat qu'il dédaigne [2], exécré du peuple qu'il écrase.

Dans un endroit, il lui donne le nom caractéristique de *Typhon*, génie du mal et de la stérilité chez les anciens. Il nous le montre étant impunément dans sa province, « tout ce qu'il lui plaît d'être, assassin, parjure [3]; » mais enfin puni par le prince même, dont la protection due à ses basses complaisances lui avait trop longtemps servi de sauvegarde [4].

mais sans se montrer peut-être assez incrédule. Malebranche qui fit aussi cette étude disait à peu près comme La Bruyère : « Il faut qu'une intelligence s'en mêle. » Condé en pareil cas faisait presque abandon de la sienne.

[1] T. I, p. 77.
[2] *Ibid*.
[3] T. II, p. 183-184.
[4] Dans ce qu'il dit sur ces représailles de la justice contre les nobles des provinces, il me semble voir

Auparavant, il nous avait fait entrer en connaissance avec une autre variété du ho-

un hommage à celui dont son frère avait épousé la fille, le président de Novion, qui aux *grands jours d'Auvergne*, avait ainsi assuré le repos des provinces. (Chéruel, *Saint-Simon*, etc., p. 423.) — J'ajouterai qu'il saisit toutes les occasions de faire allusion au président ou aux circonstances de sa magistrature. Il l'a nommé parmi les érudits (t. II, p. 92). Dès les premières pages de son livre, en parlant du magistrat qui allait à la première dignité, et qui la manqua par la publication d'un mauvais ouvrage (t. I, p. 131), il dit un mot qui a trait à son entrée en charge, puisque Novion eut en effet, en juin 1678, la présidence que M. de Poncet aurait obtenue sans le ridicule de ses *Considérations sur l'avantage de la vieillesse*. Ailleurs (t. II, p. 176), par ce qu'il dit sur « la coutume introduite dans les tribunaux d'interrompre les avocats, » et les empêcher d'être trop longs, il le félicite indirectement de l'une des mesures les mieux autorisées par sa raison « solide et sans replique. » Enfin, lorsqu'à la page suivante, par un mot sur « la loi qui a réglé l'extérieur de l'homme de robe, » il rappelle l'édit d'avril 1684, rendu à ce sujet, il flatte encore Novion dans une de ses sévérités les plus intelligentes, sinon les mieux obéies. (V. dans la *Correspondance administrative de Louis XIV*, t. II, p. 201, une lettre de Pontchartrain.) Au lieu d'aller partout avec le rabat, « en habits noirs, manteaux à collet, » comme l'exigeait l'édit, les magistrats continuèrent de porter la cravate et l'*habit gris*, c'est-à-dire le vêtement négligé, le costume de campagne, que Molière avait pour cela

bereau despote : « Il est oisif, dit-il, ignorant, médisant, querelleux, fourbe, intempérant, impertinent, mais il tire l'épée contre ses voisins, et pour un rien il expose sa vie; il a tué des hommes, il sera tué[1]. » De qui parle-t-il? Je ne sais, les *clés* sont muettes et je n'ai pu suppléer à leur silence. Il est toutefois probable qu'il s'agit d'un noble venu aux États de cette partie de la Bourgogne qui avoisinait la Franche-Comté, car il lui donne un nom qui semble un souvenir de l'occupation de cette province par l'Espagne : il appelle *Don Fernand,* ce tyran de campagne continuant dans son pays l'arrogance espagnole.

C'est après nous avoir parlé de la misère des paysans, dont il était sans doute un des fléaux, qu'il nous le fait connaître, comme on nomme le marteau après l'enclume. Il aimait ces oppositions, nuances contrastées de son tableau. Bien d'autres se trouvent,

---

fait endosser à son Alceste. (V. Soullé, *Recherches sur Molière,* p. 276.) — La Bruyère, t. I, p. 186, dit une malice contre cet *habit gris* et cette *cravate* des magistrats qui valut à deux d'entre eux une si plaisante avanie de la part de M. de Harlay. V. Saint-Simon, t. III, p. 404.

[1] T. II, p. 76.

comme celle-ci, dans sa quatrième édition. N'est-ce pas là qu'il mit, par exemple, comme articles nouveaux, en même temps que la description des fêtes de Chantilly, ce qu'on a lu tout à l'heure sur la désolation des campagnes? Il venait de la voir dans le gouvernement du Prince, au printemps de 1688, lorsque, peu de mois après, commencèrent, chez la même Altesse, ces réjouissances dont elle était la condamnation par le contraste. Il ne voulut pas séparer dans son livre ce que le hasard avait mis presque en même temps sous ses yeux pendant le voyage et au retour.

Peut-être espérait-il que le Prince saurait comprendre; en ce cas, ce fut un espoir perdu[1].

Les fêtes continuèrent d'être des plus brillantes à Chantilly quand Son Altesse voulut

---

[1] Louis XIV n'entendit pas davantage l'espèce d'appel, par allusion, qu'il lui avait adressé à la fin de son discours de réception, pour qu'il jetât quelques bons regards sur le peuple de la province (t. II, p. 273). Il n'avait pas écouté Bossuet le suppliant dans le même sens, mais d'une façon plus directe, par sa lettre de juillet 1675; il disgracia Racine qui, pour avoir tâché d'être un conseiller plus pressant, ne fut qu'un conseiller plus importun: il ne devina pas La Bruyère. En général, chaque fois qu'il ne s'agissait pas d'impôts à prélever, les choses provinciales ne l'occupaient

bien en donner; mais il n'y eut pas par ses soins la moindre interruption de misère, le moindre relâche de souffrance pour les paysans dans son gouvernement de Bourgogne.

La Bruyère y put voir, aux États, nous l'avons déjà dit, la plupart de ceux qui avaient autorité dans la province, nobles, ecclésiastiques, magistrats, et son livre fut le confident de ses opinions sur les uns et sur les autres. Le marquis de Montrevel, qui jouissait là d'un grand crédit, comme gouverneur de la Bresse [1] et comme l'un des hommes les mieux vus du Prince [2], fut presque le seul pour qui le sentiment du satirique fut complétement favorable. Il lui a fait l'honneur, si rare dans son livre, de le nommer en toutes lettres, en le mettant, pour la bravoure, au même rang que Bayard. Cet hommage, qui avait son prix, en gagna encore par la circonstance où le marquis l'ob-

guère : « Il étoit, dit Choisy (*Mémoires*, p. 118), peu exact à répondre aux questions des intendans de province, lorsqu'il ne s'agissoit pas d'argent. »

[1] *Correspondance administrat. de Louis XIV.*, t. I, p. 454.

[2] *Lettre de l'évêque d'Autun à Bussy*, du 5 mai 1679.

tint. Il venait de tomber en disgrâce[1], et dès lors, aux yeux de beaucoup, il ne comptait plus pour rien, pas même comme courage. La Bruyère s'en aperçut, et, peu de temps après, dans sa cinquième édition, luttant de vaillance avec son vaillant, il ne craignit pas d'écrire : « Rien n'est bien d'un homme disgracié : vertus, mérite, tout est dédaigné ou mal expliqué, ou imputé à vice : qu'il ait un grand cœur, qu'il ne craigne ni le fer, ni le feu, qu'il aille d'aussi bonne grâce à l'ennemi que *Bayard* et *Montrevel,* c'est un bravache : on en plaisante, il n'a plus de quoi être un héros [2]. »

La disgrâce ne fut pas longue. Montrevel reparut, et même avec des honneurs nouveaux. Il fut fait, en 1693, lieutenant général [3]. La Bruyère ne supprima pas le *caractère*, qui, en cessant d'être vrai pour lui, le restait pour d'autres. Il se contenta d'y ajou-

---

[1] Saint-Simon, édit. Hachette, in-18, t, II, p. 441.
[2] Édit. Destailleur, t. II, p. 120.
[3] Saint-Simon, t. II, p. 441. — On sait que c'est ce même brave Montrevel qui mourut sous la Régence, pour avoir vu une salière renversée ! Saint-Simon, t. VIII, p. 390; La Place, *Pièces intéressantes*, t. I, p. 189.

ter une malice par une notule. Dans sa huitième édition, qui suivit de près le retour en grâce de Montrevel, il mit à la marge, en regard de son nom, comme pour braver ceux qui s'étaient réjouis en croyant qu'il ne serait plus rien, la mention de ses nouveaux titres : « Commissaire général de la cavalerie, lieutenant général [1]. »

Seignelay, qui siégeait aussi aux États de Bourgogne, à cause de la seigneurie dont il portait le nom et qui dépendait du comté d'Auxerre, n'obtint pas de La Bruyère les mêmes marques de haute estime. Il était un des plus importants de l'assemblée, car il avait double vote par un privilége que Colbert s'était fait accorder en 1674, et dont, comme l'aîné de ses fils, Seignelay avait hérité [2]. Personne aussi n'y venait avec un plus grand train, n'y déployait pareil faste. La Bruyère, qui n'était pas ébloui pour si peu, ne vit sous cette magnificence que les menaces d'une ruine, trop évidente après la mort de Seignelay. Trois millions dus au roi, et deux à d'autres personnes,

---

[1] *Les Caractères*, 8ᵉ édit., p. 536.
[2] Thomas, *une Province sous Louis XIV*, p. 203.

furent le plus clair de sa succession en 1690[1]. Depuis la mort de son père, il en avait dépensé deux par an sans pouvoir se suffire. Les emprunts au roi faisaient le reste, pour ce millionnaire besoigneux qui mourut insolvable, avec ces deux lignes de La Bruyère comme oraison funèbre : « Tel avec deux millions de rente peut être pauvre chaque année de cinq cent mille livres[2]. »

L'évêque d'Autun, Roquette, était aux États, comme président de la chambre d'Église[3], un bien plus grand personnage encore que Seignelay ; il n'en eut pas davantage l'estime de La Bruyère.

Il avait, comme on sait, et comme nous croyons l'avoir prouvé nous-même[4], posé vingt ans auparavant, pour le *Tartuffe* de Molière. Son esprit d'intrigue, déjà si fort en subtilités insinuantes et en accaparement de personnes, au moment où le

---

[1] *Lettre* de madame de Sévigné à Bussy, du 13 nov. 1690 ; *Longueruana*, p. 146 ; notes de Saint-Simon sur le *Journal* de Dangeau, t. III, p. 242.

[2] Edit. Destailleur, t. I, p. 267.

[3] Thomas, *une Province sous Louis XIV*, p. 45.

[4] V. dans la *Revue française* nos articles : *Comment Molière fit Tartuffe*.

chef-d'œuvre l'avait pris à partie, ne s'était pas démenti un instant. Quand La Bruyère le connut, il était arrivé à la perfection dans les bas manéges et dans l'art de gouverner ceux qui gouvernent.

C'était sa maladie. « Elle lui dure depuis plus de trente ans, dit La Bruyère à propos de *Théophile*, chez qui tout le monde reconnut Roquette, comme on l'avait déjà reconnu dans *Tartuffe*; il ne guérit point... A peine un grand est-il débarqué qu'il l'empoigne et s'en saisit; on entend plutôt dire à Théophile: « Je le gou- « verne, » qu'on n'a pu soupçonner qu'il pensait à le gouverner [1]. » C'est pour l'avoir vu à l'œuvre, cherchant partout « à se fourrer, à se tortiller [2], » que La Bruyère l'avait pris ainsi sur le naturel.

Aux États, il était le premier à mettre la main sur M. le Prince dès son arrivée; il savait d'avance ceux qui avaient du crédit sur lui [3], les entourait, les envahissait, et par là tenait tout. Pour un homme qui avait autrefois mené à Paris, chez la reine-mère, les

[1] T. I. p. 337.
[2] Saint-Simon. Edit. Hachette, in-18, t. III, p. 381.
[3] *Lettre de l'évêq. d'Autun à Bussy*, du 5 mai 1679.

grandes parties d'intrigue, c'était peu que cette domination sur une assemblée provinciale ; il s'en contentait « à la fin, ne pouvant mieux, dit Saint-Simon [1], il gouvernoit les États de Bourgogne à force de manége et de souplesse autour de M. le Prince. »

Quand Jacques II vint en France, l'évêque d'Autun, qui n'avait jamais eu la direction d'un roi, trouva que celui-ci, bien que détrôné, pourrait lui être bon. Il l'accapara sans retard, avec cette ardeur dans la prise et cette rapidité que La Bruyère nous a si vivement fait voir [2]. Ce doit même être, comme le disent les *clés,* à propos de cet accaparement si prompt du roi tout frais débarqué dans l'exil qu'il écrivit ce qu'on vient de lire.

Il l'avait retrouvé dans cette intrigue, à Paris et à Saint-Germain, ce qu'il l'avait vu à l'assemblée de Dijon. L'évêque n'y manquait jamais. Paris et la cour ne lui servaient qu'à se retremper un peu d'influence pour faire meilleure figure aux États ou dans son diocèse. Son vrai règne était là. « On va

[1] T. III, p. 381.
[2] C'est dans l'édition de 1691 qu'il en parle. Roquette alors tenait si bien Jacques II, que celui-ci, en bon bourgeois, allait dîner chez lui, au cloître Saint-

quelquefois à la Cour, avait dit La Bruyère, pour en revenir et se faire par là respecter du noble de sa province. » A la quatrième édition, en 1689, il ajouta : « ou de son diocésain¹. » Il venait de voir l'évêque Roquette en Bourgogne.

D'autres, comme Santeul, pour qui furent des meilleurs les profits de ses farces, car il y gagnait, à chaque voyage, des bourses de jetons d'or et sa provision de vin²; d'autres

Merry, comme chez son ami le plus intime. *Lettre de Choisy à Bussy*, du 22 août 1690.

¹ T. I, p. 298.

² Santeul ne vivait guère que des présents qui lui venaient de Condé; l'abbé Dinouart en convient lui-même dans le *Santeulliana*, p. 13; mais, suivant son habitude d'avarice, M. le Prince laissait volontiers à d'autres le soin de lui faire les présents en son nom. La Bourgogne, en cela, contribuait surtout. (V. Thomas, *une Province sous Louis XIV*, p. 205; *Menagiana*, t. II, p. 379.) « M. de Santeul, lisons-nous dans une lettre inédite de Bourdelot à l'abbé Nicaise, du 22 décembre 1694, ne sauroit se taire sur les louanges de la province de Bourgogne, qui luy a donné une bourse de cent jettons d'or et sa provision de vin. Jamais il n'a été régalé plus magnifiquement, et je ne doute pas qu'il ne médite quelque poëme qui fasse cognoistre à la postérité la plus reculée et la générosité des États et la recognoissance du poëte. M. le Prince ne peut plus s'en passer et vient de l'em-

étaient à Dijon l'amusement du Prince et des États. L'évêque, avec son infatigable affairement, ses mines et ses manéges, était la vraie récréation de La Bruyère, à qui la farce plut toujours moins que la haute comédie, et qui s'amusait d'autant mieux de celle-ci qu'il y voyait s'agiter le même type dont Molière s'était servi pour un chef-d'œuvre.

Les comparses même y valaient la peine d'être étudiés; ainsi, tout près de l'évêque et dans son ombre, remuait et frétillait l'abbé son neveu, aussi ardemment en quête d'un évêché, qu'il n'eut jamais [1], que l'oncle l'était d'un grand à diriger. Il s'était fait prédicateur pour devenir prélat, ne montant jamais en chaire que pour l'amour de lui-même et de l'évêché en espérance, jamais par zèle pour Dieu. « L'orateur cherche par ses discours un évêché; l'apôtre fait des conversions; il mérite de trouver ce que l'autre cherche [2]. »

mener encore à Chantilly. Je sçay pourtant qu'il n'a pas eu à Dijon une approbation générale, et j'ay veu quelques lettres escrittes sur son chapitre qui ne luy sont pas favorables; mais le goust du prince n'est pas toujours celuy des particuliers. »

[1] Saint-Simon, t. III, p. 382.
[2] T. II, p. 204.

Si l'on me prouvait que La Bruyère écrivit cela pour l'abbé Roquette, je n'en serais pas surpris ; mais il est un autre passage, tout près de celui-là, qui lui va bien plus directement : ce n'est pas moins qu'une allusion de la plus claire transparence à un fait de sa vie de prédicateur thuriféraire. « Il s'en est trouvé quelques-uns, dit La Bruyère[1], qui, ayant assujetti le saint Évangile, qui doit être commun à tous, à la présence d'un seul auditeur, se sont vus déconcertés par des hasards qui le retenoient ailleurs, n'ont pu prononcer devant des chrétiens un discours chrétien qui n'étoit pas fait pour eux, et ont été suppléés par d'autres orateurs qui n'ont eu que le temps de louer Dieu dans un sermon précipité. »

La Bruyère écrivit cela, au mois de février 1689, dans sa quatrième édition. Or, voici ce qui était arrivé à l'abbé Roquette, pendant le carême précédent, le 15 avril, jour du jeudi saint, la date exacte est dans le *Journal* de Dangeau[2] : « L'abbé Roquette, neveu de l'évêque d'Autun, devant prêcher

---

[1] *Ibid.*, p. 202.
[2] Edit. complète, t. II, p. 130.

le sermon de la Cène, en présence du Roi, avoit composé un discours tout à la louange de ce Prince; mais Sa Majesté ne pouvant s'y trouver, l'abbé ne crut pas à propos de prononcer un sermon où il étoit parlé beaucoup du Roi et peu de Dieu. » C'est la *clé* de la neuvième édition qui s'explique ainsi, et, cette fois, avec une exactitude rare et une malice à faire croire que la note pourrait bien venir de La Bruyère lui-même.

Tous les hommes d'Église alors, à ne parler même que de ceux qui furent plus ou moins connus de La Bruyère, n'avaient pas pour la prélature l'ardeur de l'abbé Roquette[1].

Il en est même un qui, pouvant l'obtenir, et se la voyant offerte, la refusa; c'est l'abbé de Vassé. En 1712, il n'avait qu'à vouloir pour être évêque du Mans; il ne le voulut pas[2]. Son abbaye de Saint-Aubin d'Angers lui suf-

---

[1] La Bruyère se prit souvent aux coureurs d'évêchés, tels que le fils de Daquin, le médecin, qui ne demandait pas moins que l'archevêché de Tours. *Mém.* de Choisy, p. 313. Quand il dit (t. II, p. 186): « Les médecins placent leurs fils... dans la prélature; » il veut parler du fils de Daquin, pour lequel il partageait le sentiment un peu jaloux de son ami Fagon.

[2] Saint-Simon, t. VI, p. 290.

fisait, il s'y tint. Une plus haute dignité lui eût été une gêne, un embarras, qui lui eût troublé l'esprit, coupé la parole, et il ne pouvait pas y avoir pour lui de plus grand malheur. N'est-ce pas lui, en effet, que La Bruyère eut en vue dans son bavard indiscret? « Il faut laisser parler cet inconnu... il ne vous coûtera pour le connoître que de l'avoir écouté; vous saurez son nom, sa demeure, son pays, l'état de son bien, etc. [1]. » Au reste, le meilleur homme du monde, désintéressé, comme on l'a vu, et trop bon, avec tout son babil, pour nuire à d'autres qu'à soi-même. Madame Du Prat, qui descendait d'un de ses proches, reconnaît que son portrait est très-exact dans les *Caractères*, et tout à fait d'accord avec la tradition de la famille, où il avait laissé, dit-elle [2], la « réputation d'un bavard à outrance et d'un vaniteux excessif. » Mais elle se hâte d'ajouter : « A cela près, qui compose une grosse faiblesse, l'abbé de Vassé était la bonté et la vertu mêmes. »

[1] T. I, p. 230.
[2] *Notes sur les tableaux... de mon pauvre vieux château de la Goupillière*, publiées par le marquis Du Prat, 1863, in-8°, p. 73-74.

Toute place était bonne à l'abbé pour pérorer, fût-ce « une voiture publique, » comme dit La Bruyère, et je crois bien que c'est là qu'il le connut, en se contentant de l'écouter, un jour qu'ayant laissé la place à Santeul dans le carrosse de M. le Prince, il aura pris le coche pour se rendre à Chantilly ou en Bourgogne.

De cette façon, pas de temps perdu pour lui : il voyage pour faire des portraits, et sur le chemin même il trouve un type qui, moitié l'amusant, moitié l'ennuyant, le mène jusqu'à l'endroit où d'autres l'attendent.

Nous connaissons déjà quelques-unes des personnes de noblesse ou d'Église qu'il put voir ainsi à Dijon, et qui lui servirent pour son livre. Il en est bien d'autres que nous pourrions citer comme lui étant certainement tombées là sous les yeux et sous la main : le curé de Plombières, par exemple, si célèbre alors tant à Dijon qu'aux environs pour son adresse particulière à styler des linottes « et à leur apprendre des airs d'opéra sur le flageolet [1], » et qu'il n'eut qu'à entendre pour ajouter un trait de

---

[1] La Monnoye, *les Noëls bourguignons*, édit. Fertiault, notes, p. 347.

plus à son *Diphile,* le curieux d'oiseaux [1].

Dans la magistrature posaient des gens plus graves, du moins à l'apparence : Férillart, par exemple, maître des comptes dijonnais, plus habile aux galanteries qu'aux chiffres, qui, dans un de ses voyages à Paris, avait enlevé, pour l'épouser ensuite, la fille du fameux usurier Le Vieux, un de ces administrateurs infidèles de qui vint, vers le même temps, la banqueroute des hospices, et qui firent dire par La Bruyère, indigné de voir que les rentes à *fonds perdu* sur les hôpitaux fussent devenues ainsi un *bien perdu* « par les soins de ceux qui en étoient chargés... Serai-je avare, partisan ou administrateur [2] ? »

Au Parlement de Bourgogne, siégeait

---

[1] V. plus haut, p. 203.
[2] T. II, p. 176. — Boucot, l'*homme aux coquilles,* était aussi un des administrateurs des hospices, V. plus haut, p. 205. Dancourt avait fait jouer, le 8 juin 1686, une comédie en un acte sur le *fonds perdu,* dans le temps que les rentes en étaient encore solides. Sa débâcle ruina bien des gens. Pavillon n'y perdit pas moins de 2,000 liv. de rente; il s'en vengea par ses stances, *les Hôpitaux insolvables.* V. Œuvres, 1750, in-12, t. II, p. 269. — En 1700, quand les affaires des hospices furent un peu rétablies, je trouve, à la date du 17 septembre, dans les *Archives hospitalières,* t. I,

Pierre Le Goux, que La Bruyère avait pu connaître à Paris chez Ménage, où il allait souvent [1], et qui tira, je crois, meilleur parti de la connaissance de notre homme que celui-ci n'en tira de la sienne. Le Goux, en effet, fut un des imitateurs dont le troupeau ne tarda pas à pulluler, non-seulement à Paris, mais dans la province et surtout en Bourgogne, à partir du moment où le succès des *Caractères* se mit à retentir et à s'étendre.

Pendant qu'un parent de Sénecé, Brice Bauderon, faisait dans un coin de la même province, à l'imitation du livre heureux, les portraits des gens de sa ville, Mâcon, qu'il appelle *Molusium* [2], P. Le Goux se donnait

---

p. 348, un legs universel fait à l'Hôtel-Dieu par Jean-Jacques de La Bruyère, prieur de Saint-Pierre des Prés, en Champagne. Était-ce un parent du nôtre?

[1] *Ménagiana*, t. I. p. 225; t. III, p. 359.—On a de Le Goux des anecdotes manuscrites en forme de supplément au *Ménagiana*, dont M. Fr. Barrière s'est beaucoup servi pour son volume *la Cour et la ville*, 1830, in-8°, et un *Journal* manuscrit que M. Floquet, qui l'appelle *Guziana*, cite quelquefois. V. *Bossuet précepteur*, p. 12, 17, 180.

[2] V. *Œuvres posthumes* de Sénecé, publiées par Em. Chasles et Cap, 1855, in-12, p. 6-7.

la même tâche pour les types dijonnais, mais avec une prétention plus grande où semble percer je ne sais quelle idée de supériorité sur son modèle. La Bruyère s'était contenté d'inscrire à son frontispice : *les Caractères ou les Mœurs de ce siècle*, P. Le Goux, qui se croit plus vrai, met bravement en tête de son manuscrit : *Caractères véritables ou Recherches de la vérité dans les mœurs des hommes*, comme s'il voulait dire que dans les *Caractères* faits avant les siens, cette vérité mal cherchée était absente. Sa prétention ne fut pas un succès : l'ouvrage n'arriva pas jusqu'au livre; il resta enfoui dans le manuscrit, où il dort encore sur un rayon de la bibliothèque de Dijon [1].

[1] Nº 204.—M. Henri Beaune a donné, dans le *Bulletin du Bibliophile* de 1863, p. 257-276, un curieux article sur P. Le Goux et ses *Caractères véritables*. Il pense qu'ils pourraient être antérieurs à ceux de La Bruyère. Même sans avoir vu le manuscrit, je crois pouvoir n'être pas de cet avis. Un passage, en effet, que cite M. Thomas, dans son livre *Une Province sous Louis XIV*, p. 352, et par lequel Le Goux maudit Guillaume d'Orange et la révolution d'Angleterre, prouve suffisamment qu'il n'écrivait pas avant 1688. Or, à cette époque, le livre de La Bruyère était écrit et même publié.

La société, dans cette ville, était des plus polies du temps de La Bruyère. Tout y sentait l'esprit sans trop de pédantisme provincial, et aussi la galanterie, comme il arrive en toutes celles où les princes amènent une cour à certains intervalles et jettent ainsi des intermittences de dissipation. Plus d'une femme y était en réputation d'esprit et de beauté. Bussy, qui souvent y venait, trouvait chaque fois à qui parler de ce côté, et de quoi se laisser séduire.

En 1685, il était venu aux États; il y fut charmé de la bonne compagnie et surtout des jolies femmes [1], mais sans se fixer pour aucune.

Quelques années auparavant, l'enchantement avait été plus complet; peu s'en faut qu'il n'eût été pris par une des belles de Dijon, dans la société même que La Bruyère avait dû y fréquenter de préférence : c'est, en effet, la belle-sœur du futur évêque de Meaux, alors évêque de Condom; c'est la femme d'Antoine Bossuet [2], dont les relations d'a-

---

[1] V. *Lettres* de Bussy, édit. L. Lalanne, t. V, p. 441.

[2] Antoine Bossuet était le frère aîné du grand prélat. Il fut plus de vingt ans avocat à Dijon; devint,

mitié avec La Bruyère nous sont déjà connues[1], qui avait failli lui toucher le cœur par sa grâce et par son esprit.

Cette grâce de madame Bossuet était des plus charmantes, et son esprit des plus délicats. « Personne ne l'avoit aussi élevé ni aussi cultivé, » suivant un témoin qu'il faut croire, car c'est une autre femme, madame de Scudéry[2]. Il ne lui manquait que d'être un peu plus *précieuse*, pour prendre l'expression même de Bussy, qui veut lui reprocher par là de trop attacher les galants autour d'elle en prodiguant trop les espérances. Le préféré, de cette façon, n'était pas assez visible, et se perdait trop parmi les autres. Il finit pourtant par se faire distinguer, et Bussy put voir que ce n'était pas lui : c'était l'abbé de Choisy, dont les voyages en Bourgogne étaient très-fréquents alors à cause de son abbaye de Saint-Seine[3] et des terres

---

en avril 1675, conseiller d'État, puis intendant de Soissons. Sa femme était fille de Guéneau du Mont, lieutenant du roi à Saumur. Il eut deux fils, Louis et Jacques-Bénigne.

[1] V. plus haut, p. 68.
[2] *Lettre* à Bussy, du 3 septembre 1677.
[3] V. ses *Mémoires*, 1745, in-8°, p. 456.

qu'il possédait, mais qui chaque fois y venait bien moins « pour ses fermes que pour Philis[1], » et avec qui, enfin, madame Bossuet décampa un beau jour.

A Paris, où on la retrouva, non sans quelque peine, après une retraite d'autant plus fermée et mystérieuse qu'il y avait contre elle des menaces de réclusion dans un couvent, et que son tonnant beau-frère, de qui venaient ces menaces, n'était pas homme à plaisanter[2], elle reprit peu à peu le train de son monde, de son esprit et de ses succès. Elle fut aussi fêtée, aussi entourée, surtout après la mort de son père, qui lui laissa une belle fortune[3]. J'imagine que La Bruyère fut de ceux qui la connurent, et qu'il prit plaisir à la suivre de l'œil dans toutes les phases d'une coquetterie qui monte, décroît et enfin désarme pour se réfugier dans « la solidité, » ainsi que fit madame Bossuet[4].

C'était l'ordinaire destin des coquettes. Une autre, qui vint aussi de Dijon, madame

---

[1] *Lettre* de madame de Scudéry à Bussy, du 5 nov. 1671.

[2] *Id.*, 17. février 1673.

[3] *Id.*, 14 nov. 1680.

[4] *Id.*, 3 sept. 1677.

de Muci, finit de même. Après une foule d'aventures en France et en Espagne, dont la première et la plus éclatante fut son intrigue avec M. le Duc, l'élève de La Bruyère [1], elle s'en alla mourir plus austèrement encore, dans un couvent de Séville, recluse et repentie [2].

[1] Gust. Brunet, *Nouveau siècle de Louis XIV*, p. 204.

[2] On a, sur madame de Muci, un mauvais petit roman de Valdory, *Histoire de madame de Muci*, par mademoiselle D***, à Amsterdam, 1731, in-12. Le mari, conseiller, puis président au Parlement de Dijon (V. plus haut, p. 383), s'y trouve très-mal traité, suivant une lettre *inédite* de Bouhier à Marais, du 20 mars 1731. « Peu de gens, dit-il, ont connu cette dame aussi particulièrement que moi jusqu'à sa liaison avec M. le Duc. Ainsi, je suis bien instruit de son histoire, surtout jusqu'à ce temps-là. Son mari vit encore qui n'est rien moins qu'ivrogne, comme le dépeint le roman. Il est fort à plaindre, car on croira le roman, tout faux qu'il est en beaucoup de choses. » Dans une lettre au même, et *inédite* aussi, du 15 mai suivant, il convient qu'une aventure de la dame avec lord Stanhope en Espagne a du vrai. Il l'a, en effet, racontée lui-même dans un de ses *Recueils*, où M. F. Barrière l'a reprise pour son livre de *la Cour et la Ville*, p. 72-74. Dans sa lettre à Marais, il complète et rectifie ainsi ce qu'il avait dit : « La Dame retourna à Madrid, où elle est restée

Je ne pense pas que La Bruyère put la voir. Il était mort avant ses escapades de galanterie, et je le regrette. Comme elle fut au mieux avec madame de Boislandry [1], qu'il connaissait lui-même, il aurait pu l'étudier de près, et ajouter ainsi un portrait de plus à tous ceux qu'il nous a donnés des coquettes de Paris et de la province.

A Dijon même, il s'en dédommagea par d'autres esquisses. C'est là qu'il me semble être entré en intimité avec mademoiselle Saillant du Terrail, qui le mena plus loin qu'aucune autre, et dont pour cela je reparlerai bientôt; c'est là enfin qu'il vit toute cette société d'aimables femmes avec lesquelles M. le Prince se faisait une cour de passage chaque fois qu'il venait aux États, et qui jetaient tant de diversité dans le sérieux des affaires, par leurs folies spirituelles à pro-

---

entretenue quelques années par je ne sais qui. Enfin, sa famille, par le crédit du feu P. Daubenton, jésuite, fit agir la feue reine, et trouva le moyen de faire enfermer la Dame dans un couvent de Séville où elle mourut quelque temps après dans de très-bons sentimens, à ce que me dit un jésuite qui étoit alors en Espagne avec le P. Daubenton. »

[1] *Nouveau siècle de Louis XIV.* p. 204.

pos des plus graves discussions, ou par leurs subites terreurs sitôt qu'on parlait de la guerre.

Dijon n'étant pas loin de la frontière, au premier bruit d'un mouvement de troupes ennemies, elles ne rêvaient que d'invasion et voyaient déjà quelques partis d'Impériaux ou d'Espagnols aux portes de la ville.

La Bruyère fut témoin de ces effrois, et, comme du reste, il s'en fit une comédie, dont la partie la plus bouffonne était l'affairement des nouvellistes, qui, se créant une occupation avec les dangers, dont ils avaient imaginé la chimère, les eussent voulu réels, pour en parler davantage : « Quelques-uns, dit-il [1], consentiront à voir, une autre fois, les ennemis aux portes de Dijon ou de Corbie...., pour le seul plaisir d'en dire ou d'en apprendre la nouvelle. »

XXXV

Cela nous amène aux choses de la guerre, dont il parla souvent fort bien, et que peut-

[1] T. II, p. 6.

être il vit de près. M. le Duc, son élève, fit la campagne de 1692 et prit part au siége de Namur ; serait-il étonnant que La Bruyère l'y eût accompagné, pour voir avec lui, en action, un coin de cette belliqueuse histoire qu'il lui avait expliquée d'après les livres?

Une seule chose m'empêche de le penser. S'il fût allé au siége, il ne se serait pas moqué de ceux qui, sans être guerriers, ni courtisans [1], n'avaient pas craint de s'y rendre et d'y rester jusqu'à la fin ; or, c'est ce qu'il a fait. La façon dont il traite le ridicule des bourgeois allant en guerre me donne à croire qu'il ne le partagea pas. La page qu'il a écrite à ce sujet est bien amusante. On y suit les bourgeois par toutes les phases de la curiosité, puis bientôt de la fatigue et du dégoût, au milieu « des fanges » qui firent de la gloire de ce grand siége une gloire si crottée. Peu s'en faut qu'il n'en fasse mourir quelques-uns de lassitude, comme cela était arrivé, l'année d'auparavant, à l'abbé de Feuquières, pris par la maladie dans la tranchée de Mons, et qu'on n'avait eu que le temps de rapporter à Valenciennes pour qu'il y mou-

---

[1] *Ibid.*, p. 124.

rût[1]. Ses curieux, à lui, ont un meilleur sort. La ville prise, ils se promènent tambour battant, radieux, vainqueurs, « par la ville et les bourgades, fiers d'être regardés de la bourgeoisie qui est aux fenêtres. » Enfin, il nous les montre au logis, bien ravis de leur triomphe, et en pérorant avec l'aplomb et l'abondance technique de gens du métier, n'omettant rien, comme expressions ni comme détails, n'oubliant surtout aucun des hasards, aucun des dangers courus : « Ils taisent seulement qu'ils ont eu peur. »

Les faits de guerre, défaites ou victoires, entrées en campagne, places investies, etc., avaient trop d'action alors sur les entretiens pour ne pas se reproduire aussi par quelques échos dans les *Caractères*; ils y reparaissent donc, et quoique sous forme allusive, ils y sont souvent indiqués avec une précision plus vive et une sûreté de détails plus vraie que chez les historiens.

Saint-Simon, par exemple, nous apprend-il qu'un des généraux du temps, le maréchal d'Humières était « magnifique en tout[2]? »

---

[1] *Journal* de Dangeau, 5 avril 1691.
[2] *Mémoires*, édit. Hachette, in-18, t. I, p. 127.

La Bruyère ajoute, par un trait où tout le monde le reconnut, que cette magnificence le suivait jusqu'à la guerre, et qu'en l'y gênant elle entraîna pour lui des disgrâces : « Ragoûts, liqueurs, entrées, entremets, dit-il [1], sont mots qu'on ne devroit même pas connoître en pleine paix ; à plus forte raison ne devroient-ils pas être entendus dans le temps de la guerre et d'une misère publique, à la vue de l'ennemi, à la veille d'un combat. » M. d'Humières, qui avait tout un train de cuisine somptueux dans ses équipages de campagne, ne les avait fait que trop entendre.

« Je voudrois, continue-t-il, qu'on ne fît mention de la délicatesse, de la propreté et de la somptuosité des généraux, qu'après n'avoir plus rien à dire sur leur sujet et s'être épuisé sur les circonstances d'une bataille gagnée.» Ici, la malice est plus vive. La Bruyère y reprend « son arme favorite, » comme dit Chateaubriand [2], l'ironie, *genus perelegans et cum gravitate salsum* [3]. Ce n'était pas après une bataille gagnée qu'on avait longue-

---

[1] T. II, p. 184.
[2] *Génie du Christianisme*, 3ᵉ part., liv. II, ch. 5.
[3] Cicéron, *de Oratore*, ch. 2.

ment parlé des délicatesses de M. d'Humières, mais après une bataille perdue, celle de Valcourt, où le prince de Waldeck l'avait fort maltraité [1].

Tout le monde, après cet échec, murmura que M. de Louvois, malgré son amitié pour le maréchal d'Humières, devrait lui enlever le commandement de l'armée, qu'un plus digne méritait. La Bruyère, lui, s'en expliqua tout haut, à sa manière. S'adressant à Louvois, qu'il appelle *Crassus*, il lui dit [2] : « Xantus, votre affranchi — c'est son ami d'Humières — est foible et timide; ne différez pas, retirez-le des légions et de la milice. »

Louvois s'était déjà exécuté. Préférant le succès à tout, prêt à lui sacrifier la fortune même de ses créatures, il avait été le premier à demander au roi que le maréchal fût remplacé dans son commandement [3]. Il espérait qu'en s'empressant ainsi, le choix du successeur lui serait laissé. Il se trompait; le roi prit le choix sur lui, soit qu'il ne voulût plus, en ces affaires si graves, s'en confier à personne,

---

[1] *Mémoires* de La Fare, 1716, in-12, p. 237.
[2] T. I, p. 168.
[3] *Mémoires* de La Fare, p. 238.

soit qu'ainsi qu'on le pensait dans le monde de Chaulieu et de La Fare, dont La Bruyère était un peu, il cédât aux conseils de Seignelay, collègue de Louvois dans le ministère, et d'autant plus son ennemi.

Tout le monde connaissait « la brouille des deux ministres; » les gens bien informés, si gaiement souffletés par La Bruyère, sur la joue de *Celse*, prétendaient en savoir « le fond et les causes [1], » qui n'étaient pourtant à chercher que dans l'antagonisme naturel de deux ambitions rivales, l'une et l'autre excessives et violentes.

Le roi marchait entre les deux, tantôt satisfaisant celui-ci, tantôt donnant raison à celui-là. Cette fois, ce fut le tour de Seignelay. Le maréchal de Luxembourg, qui était « étroitement lié » avec lui et qui se trouvait être ainsi fatalement l'ennemi de Louvois, obtint le commandement des troupes [2]. Ce

---

[1] T. I, p. 176. — *Celse* est, à n'en pas douter, le baron de Breteuil, que La Bruyère voyait chez Pontchartrain, « où il se fourroit fort, » et faisait volontiers le capable. Saint-Simon, t. I, p. 410.

[2] *Mémoires* de La Fare, p. 238.—Il y eut alors une sorte de réconciliation entre Louvois et Luxembourg,

ne fut pas moins qu'une révolution : le maréchal passait, de cette façon, d'une disgrâce mal déguisée à l'extrême faveur.

La Bruyère, fort au fait de ce qui se passait chez Seignelay par Racine, ami de M. de Cavoye, son confident[1], vit cette volte-face et en suivit les phases dans l'opinion.

Il étudia, pour s'empresser d'en dire son mot, comment tout change autour d'un homme avec sa fortune; comment sa personne même s'en trouve transformée.

M. de Luxembourg n'était pas, vous le savez, le gentilhomme le mieux tourné de la Cour. On avait même dit qu'il était bossu tant qu'avait duré sa disgrâce; revenu aux

---

mais plus apparente que réelle. Rousset, *Hist. de Louvois*, édit. in-18, t. IV, p. 384.

[1] Saint-Simon, t. I, p. 194; *Annales de la cour et de la ville*, t. I, p. 184. — J'ai dit plus haut, p. 187, que le *Ménippe* de La Bruyère était Villeroy; réflexion faite, ce serait plutôt Cavoye, comme il est dit dans la *Clé manuscrite* de la 7ᵉ édition, qui est à la Bibliothèque impériale. Cavoye, qui aimait tant à se frotter d'esprit en causant avec Racine, est bien ce Ménippe qui « répète des sentimens et des discours, et se sert naturellement de l'esprit des autres. »

honneurs, il se trouva tout à coup redressé. Personne ne s'aperçut plus du défaut de sa taille. On en vit même qui, tels que Mézières, frère de madame de Charlus, se faisaient gloire de ressembler au maréchal[1].

La Bruyère admira cette orthopédie de la faveur, mais sans la trouver miraculeuse. M. de Luxembourg resta pour lui ce qu'il avait toujours été; il ne se laissa prendre à l'exagération d'aucun des portraits nouveaux qu'on faisait de son génie ou de sa personne; il les examina, comme un exemple de plus des souples prodiges de la flatterie, et il écrivit : « Vient-on de placer quelqu'un dans un nouveau poste, c'est un débordement de louanges en sa faveur qui inonde les cours et la chapelle, qui gagne l'escalier, le salon, la galerie, tout l'appartement; on en a au-dessus des yeux, on n'y tient plus..... L'homme d'esprit, de mérite ou de valeur devient en un instant un génie du premier ordre, un héros, un demi-dieu. Il est si prodigieusement flatté dans toutes les peintures que l'on fait de lui, qu'il paroît

---

[1] V. notes de Saint-Simon sur le *Journal* de Dangeau, 30 janvier 1719.

difforme près de ses portraits..... ¹. » Je n'ai pas besoin de vous faire remarquer, je pense, la vivacité de ce dernier coup de pointe et ce qu'il a de malin, *ad hominem,* s'adressant à M. de Luxembourg.

Son retour à la fortune pouvait cependant n'être pas de durée; faute d'un coup d'éclat, il pouvait se retrouver bientôt où la faveur l'avait pris. « Les machines qui l'avoient guindé si haut par l'applaudissement et les

---

¹ T. I, p. 307. — Nous avons vu plus haut, p. 97, combien les portraits sans vérité lui déplaisaient. Il y revint dans la dernière partie de son *discours* de réception, où il dit à propos du roi : « Ce prince humain et bienfaisant, que les peintres et les statuaires nous défigurent. » Mais lui-même, dans le portrait qu'il fait alors, manque un peu à la vérité. Il donne à Louis XIV « des yeux tendres et pleins de douceur. » C'était le contraire. Le roi mettait une sorte d'orgueil dans l'autorité dominatrice et presque dure de son regard : « Il est sûr, dit le comte de Tessin dans son journal *inédit*, que Louis XIV prenoit plaisir à terrasser les gens par ses regards. Je le sais d'expérience, m'étant trouvé un jour à son dîner vis-à-vis de lui. Il ne détacha pas ses yeux de dessus moi, me reconnoissant sans doute pour un étranger. Je m'en souviendrai toute ma vie, tant il étoit perçant. » Cité par M. Geffroy, *Rev. des Deux-Mondes*, 1ᵉʳ mars 1864, p. 210.

éloges sont encore toutes dressées pour le faire tomber dans le dernier mépris [1]. » Le mérite du maréchal vint heureusement en aide à la fortune. Sa victoire à Fleurus, qui peu de temps après son entrée dans le commandement avait fait mieux que justifier la confiance du roi, la prolongea pour lui. La Bruyère, qui eut dans cette bataille un intérêt d'affliction bien vive, car les deux jeunes Soyecourt, fils de madame de Belleforière, une de ses meilleures amies, y perdirent la vie l'un et l'autre, comme on le verra plus loin, ne se laissa pas trop distraire par ce chagrin de l'admiration que lui causait le triomphe du maréchal. Il y revint à plusieurs reprises dans l'édition qui suivit, et chaque fois par des allusions où se fit jour sa finesse ordinaire.

D'abord, il met en jeu *Démophile*, l'homme aux nouvelles fâcheuses ; le nouvelliste Tant-Pis, qui voit la France écrasée, perdue, envahie, incapable enfin de tenir tête aux armées « qu'une si forte et si générale conjuration [2] » — la ligue d'Augsbourg — a lancées

---

[1] T. I, p. 308
[2] T. II, p. 6.

sur elle, toutes à la fois ; et, par cet étalage des craintes du pessimiste, il prépare adroitement l'éloge indirect du général qui le premier parera ces dangers avec une victoire. Tout effraye Démophile : il n'a que défiance quand il pense à nos troupes, et que terreurs lorsqu'on lui parle de celles de l'ennemi : « Il dit que la cavalerie allemande est invincible; il pâlit au seul nom des cuirassiers de l'empereur; » dernier trait, qui ne pouvait être mieux choisi pour confondre l'alarmiste aux fausses nouvelles : c'est à une charge, où notre cavalerie fit merveille en culbutant l'autre, que nous devons le gain de la journée de Fleurus.

Après lui vient *Basilide*, l'homme rassuré, le nouvelliste Tant-Mieux, le triomphateur imperturbable et dithyrambique, à qui la certitude du succès ne coûte pas un doute, qui ne fait qu'une bouchée de l'Angleterre, de la Hollande et de l'Empire, ligués contre nous : « La triple alliance, chez lui, est un Cerbère, et les ennemis autant de monstres à assommer. Il ne parle que de lauriers, que de palmes, que de triomphes et que de trophées... Dès qu'il entend dire que les armées sont en présence ou qu'une place est investie, il fait déplier sa robe et la met à l'air, afin qu'elle soit toute prête pour la cérémonie de la cathédrale [1]. »

Le *robin* optimiste voit du moins, cette fois, plus juste que l'autre, avec ses terreurs ; ce qu'il espérait est justifié par la victoire de M. de Luxembourg ; et le dernier mot de La Bruyère nous ouvre un horizon au bout duquel il semble qu'on aperçoive déjà la grande église drapée des étendards conquis, et le vainqueur y entrant, conduit par le prince de Conti, qui crie à la foule : « Laissez passer le tapissier de Notre-Dame [2] ! »

Ce succès avait été d'autant plus nécessaire au maréchal que Seignelay, son protecteur, n'y survécut que peu de mois. La victoire de Fleurus est du 1er juillet 1690, et la mort de Seignelay du 3 novembre. Que fût devenu Luxembourg laissé ainsi tout seul, en face de Louvois, s'il ne se fût donné d'avance la

---

[1] *Ibid.*, p. 10.
[2] *Lettre* de J.-B. Rousseau à Brossette, du 4 mars 1730. — C'est plus tard, après Steinkerque et Nerwinde, que M. de Luxembourg reçut ce glorieux surnom ; mais, dès Fleurus, il l'eût mérité. Il n'y avait pas pris moins de 106 drapeaux à l'ennemi. Rousset, *Hist. de Louvois*, t. IV, p. 414.

sauvegarde, le bouclier d'un triomphe? Il ne lui eût pas suffi longtemps. Louvois lui préparait déjà des embarras plus dangereux que les embûches de l'ennemi, quand il mourut à son tour, un peu plus d'un an après la victoire de Fleurus, le 16 juillet 1691.

Ces deux morts, dont la première, celle de Seignelay, fut lente comme une consomption dans l'agonie [1], tandis que l'autre, celle de Louvois, eut la rapidité d'un coup de foudre [2], ne pouvaient trouver La Bruyère indifférent et sa plume inactive. Il y avait dans les changements qu'elles apportèrent, dans les mouvements sans nombre dont elles agitèrent les

---

[1] Sa maladie dura trois mois et son agonie cinq jours, du 28 octobre au 3 novembre. V. *Lettres* de l'abbé de Choisy à Bussy des 16 août et 6 septembre 1690; et le *Journal* de Dangeau, édit. complète, t. III, p. 240-262.

[2] Sur cette mort, si rapide que tout le monde crut au poison, même Dangeau, V. le *Journal* de celui-ci, à la même date, 16 juillet 1691. Bussy avait comme pressenti que Louvois, fatigué, suivrait de près Seignelay épuisé. Dans une lettre au marquis de Termes, du 29 juin 1691, il avait apprécié d'un trait, dans leurs causes, la mort dont on était encore surpris, et celle qui semblait à craindre: « L'un, avait-il dit, est mort pour ses maîtresses; l'autre se tue pour son maître. »

ambitions environnantes, un enseignement d'une trop grande éloquence, d'un rapport trop direct avec ses études sur les avidités de l'égoïsme humain, pour qu'il les laissât passer sans un mot, sans une réflexion.

Quelques mois après, parut la septième édition de son livre. Voici ce qu'il y avait ajouté, au chapitre des *Esprits forts :* « Un grand croit s'évanouir et meurt ; un autre grand périt insensiblement, et perd chaque jour quelque chose de soi-même avant qu'il soit éteint ; formidables leçons, mais inutiles ! Des circonstances si marquées et si sensiblement opposées ne se relèvent point et ne touchent personne. Les hommes n'y ont pas plus d'attention qu'à une fleur qui se fane ou à une feuille qui tombe ; ils envient les places qui demeurent vacantes, ou ils s'informent si elles sont remplies, et par qui [1]. »

Pendant que La Bruyère parlait ainsi, la leçon s'était accrue de l'exemple d'une troisième mort, celle de La Feuillade [2], qui avait été presque aussi retentissante, par l'agitation

[1] T. II, p. 216.
[2] Il était mort subitement le 18 septembre 1691. V. le *Journal* de Dangeau à la date du 19, et une *Lettre* de Bussy du 26.

nouvelle qu'elle avait jetée dans le monde des empressés à la curée des emplois. Pour elle, comme pour les deux autres, l'impassible silence du roi avait seul fait diversion à ce bruit, à ce mouvement. Que cachait-il sous ce calme si singulier, après une telle perte ? Regrettait-il intérieurement ces trois hommes, qui ne s'étaient jamais épargnés pour lui, ou feignait-il de faire voir qu'il se trouvait soulagé de n'avoir plus à subir leur dévouement ? C'est ce qu'on ne sut que plus tard, à un souper de Marly. Par une parole d'effrayante sincérité, Louis XIV fit voir qu'un roi se blase et se fatigue surtout du zèle.

On parlait du siége de Mons et des grandes choses qu'il y avait faites : « Il est vrai, dit-il avec abandon, que cette année-là me fut heureuse ; je fus défait de trois hommes que je ne pouvais plus souffrir : M. de Louvois, Seignelay et La Feuillade. »

Jugez de l'effet que dut produire à la Cour ce coup de foudre d'ingratitude. L'abbé de Choisy, après en avoir parlé comme d'un acte de franchise sans exemple, surtout de la part de Louis XIV, ajoute qu'il en vit depuis plusieurs ministres très-mortifiés, « ne sachant au juste s'ils étoient dignes d'amour ou de haine [1]. »

J'ignore si La Bruyère connut ce mot terrible, et même s'il vivait encore quand il fut dit, mais je suis sûr au moins qu'il ne s'en fût pas étonné. Il savait de longue date ce que l'âme des rois et des princes cache d'inépuisable ingratitude. N'avait-il pas vu ce qui s'était passé à la mort de Colbert, dont l'agonie pleine de repentir [2] avait été devancée par une disgrâce à peine déguisée [3]? N'avait-il pas

[1] *Mémoires* de l'abbé de Choisy, 1747, in-8°, p. 330. — On sait par une note de Saint-Simon sur le *Journal* de Dangeau (t. III, p. 401), à la date de la mort de La Feuillade, que Louis XIV s'en montra visiblement content; quant à celle de Louvois, il se hâta de faire dire : « qu'il n'y paroîtroit pas aux affaires. » *Lettre* de Bussy au marquis de Termes, du 29 juillet 1691.

[2] V. plus haut, p. 101. — On peut lire, sur les remords de Colbert mourant, un excellent compte rendu de l'ouvrage de M. P. Clément, *Histoire de la vie et de l'administration de Colbert*, dans la *Nouvelle Revue encyclopédique*, août 1846, p. 559-560. La Bruyère avait connu ces remords de Colbert, et c'est ce qui lui avait fait écrire, dès sa première édition : « Quel étrange compte à rendre d'une vie passée dans la faveur, des conseils que l'on a donnés, de ceux qu'on a négligé de donner.... » T. II, p. 117.

[3] Selon M. Rousset, dans son *Hist. de Louvois*,

écrit, comme frappé de l'impassibilité sans larme que le roi avait gardée devant la mort d'un tel ministre : « Les grands sont si heureux qu'ils n'éprouvent pas même dans toute leur vie l'inconvénient de regretter la perte de leurs meilleurs serviteurs[1]. »

Colbert n'avait même pas eu, sur sa fin, la consolation d'espérer que le crédit de sa famille lui survivrait. En se voyant mourir, il avait pu craindre que la grandeur de sa maison, si lentement, si laborieusement formée, partirait avec lui. La fortune de Seignelay, son fils, qui perpétua une partie de la sienne, fut le seul démenti donné à ses craintes. Le sort de son autre fils, Blainville, les justifia toutes. Le jour même de la mort de son père, Blainville se vit redemander par le roi la surintendance des bâtiments,

in-12, t. III, p. 359, Colbert, quand il mourut, en était arrivé au point où il avait lui-même pris Fouquet pour le renverser.

[1] T. I, p. 335. — La Bruyère ne mit cela que dans sa 4ᵉ édition, en 1689; mais comme il n'augmenta successivement son livre, auquel, nous le prouverons, il avait travaillé dix ans, que de choses presque toutes écrites longtemps auparavant, je puis penser que ce passage date de la mort de Colbert, dont il est la moralité.

dont la survivance lui semblait assurée [1].

Louvois la prit pour lui, augmentant avec ce débris et bien d'autres une puissance qui devait cependant, après lui, rester pour les siens moins intacte encore que celle qu'avait laissée Colbert. En présence de ces deux maisons si fatalement diminuées pour les fils, et, sauf la richesse, qui demeurait immense [2], redevenues presque, après la mort de ceux qui les avaient faites, ce qu'elles étaient à l'origine, il semble qu'on voie une prophétie dans cette phrase écrite par La Bruyère, un peu avant la mort de Seignelay et de Louvois : « La fortune ne leur rit plus, elle se joue ailleurs, et traite leur postérité comme leurs ancêtres [3]. »

[1] Rousset, *Hist. de Louvois*, t. III, p. 361.
[2] V., sur l'immense fortune des Louvois, la *lettre* de Coulanges à madame de Sévigné, le 3 octobre 1694.
[3] T. I, p. 278. — Saint-Simon, dans une note sur Dangeau (8 novembre 1688), fait les mêmes réflexions à propos du mépris crapuleux et de la disgrâce obscure où étaient tombés les fils du surintendant Servien : « Telle est souvent, dit-il, la fin des familles de ces ministres si puissants. » La Bruyère, qui ne pouvait aimer l'abbé Servien à cause de son irréligion, et qui méprisait son frère, le marquis de Sablé,

Ainsi que pour Colbert, la disgrâce était prête pour Louvois, et peut-être plus imminente encore, plus terrible, quand il mourut. Aussi, de la part des flatteurs, qui se seraient crus compromis par la moindre fidélité à sa mémoire, ce fut tout aussitôt un déchaînement d'ingratitudes sans nom, qui alla jusqu'à l'outrage. La matière était belle pour une page d'éloquente satire. La Bruyère l'écrivit dans sa septième édition, qui parut peu de mois après [1]. Louvois s'y nomme *Plancus* et sa maison de Meudon y est appelée *Tibur*. Quant à l'ingrat qui injurie la mémoire de celui dont il était le courtisan la veille, rien ne le désigne, mais on sut trouver à Versailles vingt noms pour le baptiser [2].

Ce que fit le roi, après la mort du ministre,

---

dont il fit l'efféminé *Phidippe* (V. plus haut, p. 233), avait peu songé à eux dans ce qu'on vient de lire.

[1] En 1692.—V. t. I, p. 216.

[2] La Bruyère n'aimait pas Louvois, trop dédaigneux des livres pour être estimé d'un homme qui en fait. Il a un peu d'aigreur quand il parle, en pensant à lui, de cette bonne tête, de ce ferme génie qui peut dire aisément « qu'il ne lit jamais. » (T. II, p. 54.) Quand il y revint, dans son *Discours de réception*, l fut plus amer. (T. II, p. 264.)

n'autorisait pas l'outrage, mais justifiait presque l'ingratitude. Il ne laissa aux fils que ce qu'il ne put pas leur enlever de l'héritage de leur père. Presque toutes ses places furent données à d'autres, et cela moins de huit jours après sa mort [1]. Courtanvaux, l'aîné, et Souvré, le second, furent tenus à l'écart.

Barbezieux seul, qui était le troisième, fut gardé, mais non sans difficulté pourtant. S'il conserva la charge de secrétaire d'État au département de la guerre, ce fut moins à cause de son droit de survivance que parce que Chamley [2] la refusa, disant au roi « qu'il avoit trop d'obligation à Louvois, à son amitié, à sa confiance, pour se revétir de ses dépouilles au préjudice de son fils [3]. » Sans cette générosité, qui eût mérité de ne pas être oubliée par La Bruyère, la famille de Louvois, les Le Tellier, disparaissaient des affaires, où ils se tenaient depuis si longtemps et étaient entrés si avant. Barbezieux fut le troisième

---

[1] *Lettres* de madame de Sévigné, 23 juillet 1691.

[2] La Bruyère l'a nommé : « Chamley sait les marches, etc., » t. I, p. 289. C'était un des hommes de guerre les plus remarquables du règne. V. Rousset, *Hist. de Louvois*, passim.

[3] Saint-Simon, édit. Hachette, in-18, t. VIII, p. 98.

de sa maison dans la même charge de secrétaire d'État. Le Tellier, son grand-père, qui l'avait eue le premier, avait tout commencé dans sa famille, tout fondé, tout acquis, même les noms qu'on y portait, y compris celui du nouveau ministre. La terre d'où venait ce nom avait été une de ses acquisitions les plus avantageuses. Il l'avait eue pour rien, dans un moment de gêne des La Rochefoucauld. « Ce pauvre M. Le Tellier, écrivit alors madame de Sévigné [1], vient d'acheter Barbezieux au denier seize. » Elle avait dit, un instant auparavant : « Les terres se vendent à vil prix, » et c'était sa conclusion.

Elle l'aurait pu trouver dans bien d'autres exemples de même sorte, car c'était le temps où les vieilles familles, mises à bout de fortune par la négligence de leurs biens et par le luxe de la Cour, où le roi les avait attirées, vendaient de tous côtés leurs héritages. Peu leur importait l'acheteur, pourvu qu'il payât. Il en résultait ces transmissions de propriété si étranges, qui furent un des acheminements vers la transformation sociale en France, et vers cette révolution si profitable

---

[1] *Lettres*, édit. Blaise, in-18, t. V, p. 371.

à l'égalité, dont La Bruyère semblait avoir le pressentiment quand il écrivit : « Si certains morts revenoient au monde, et s'ils voyoient leurs grands noms portés, et leurs terres les mieux titrées, avec leurs châteaux et leurs maisons antiques, possédés par des gens dont les pères étoient peut-être leurs métayers, quelle opinion pourroient-ils avoir de notre siècle ? »

XXXVI

Ce que madame de Sévigné constatait dans la Saintonge, en donnant pour exemple du vil prix où les biens étaient tombés la vente du domaine de Barbezieux, La Bruyère avait pu le constater en Bourgogne, où nous l'avons vu tout à l'heure, et en d'autres provinces, où nous allons maintenant le conduire. Pour son séjour à Dijon, pendant la tenue des États, à la suite de M. le Prince, nous n'avons pu avoir que des probabilités; pour sa présence à Orléans, en 1664, et en Normandie, dix ans plus tard, nous avons des preuves.

Le certificat de l'examen qu'il dut passer

et des thèses qu'il dut soutenir devant les docteurs de l'Université d'Orléans pour avoir son « degré de licentié, » existe aux archives de la préfecture du Loiret, où, grâce à l'obligeance de l'archiviste, M. Maupré, nous avons pu le lire et le copier [1].

C'était en juin 1664. La Bruyère n'avait que dix-neuf ans, âge où l'on n'est pas encore assez complétement sorti des autres études pour être entré à fond dans celle des hommes. Je pense donc que son passage à Orléans ne fut pas d'un grand profit pour son expérience, d'autant que ce passage put être court, si La Bruyère fit comme Charles Perrault qui, dans une circonstance pareille,

---

[1] Le voici : « *Jay soubsigné certifie que Jay ce Jourdhuy presenté mes Theses de droit imprimées du Tiltre de Tutelis et douaribus a messieurs les docteurs de l'université d'Orléans pour icelles soustenues dans les escoles de droict auoir mon degré de licentié es deux droits. Faict ce troisiesme iour de Juin mil six cens soixante quatre.*

« JOANNES DE LA BRUYERE,

« PARISINUS. »

(Registre des suppliques des Aspirants au grade de licencié en l'Université d'Orléans pour les années 1638 à 1679, fol. 656, recto.)

n'accorda qu'une soiré et une matinée à la célèbre ville du droit : la soirée pour se faire recevoir licencié, à dix heures, par des docteurs « en bonnet de nuit sous leur bonnet carré; » et la matinée pour voir la ville et repartir [1].

La Bruyère put rester davantage à Orléans, mais son livre n'en a pas gardé plus de trace. Son séjour en Normandie eut plus d'influence.

Il alla une fois au moins à Rouen et à Caen. La prise de possession de l'office de *conseiller du Roy, trésorier de France et général des finances en la généralité de Caen,* l'y obligea pour le double serment à prêter.

Le dernier titulaire de cette charge était Pierre Roussel; sa mort (le 28 mars 1672) en avait ouvert la vacance au profit du Roi, et l'avait fait rentrer dans ce qu'on appelait les *parties casuelles.* M. Du Metz, qui en était le trésorier, passa quittance de l'emploi à l'un de ses commis, Joseph Métezeau, qui,

---

[1] C'est en juillet 1651 que Ch. Perrault s'était fait ainsi improviser licencié. V. ses *Mémoires*, 1759, in-12, p. 19-21.

lui-même, suivant la formalité d'usage, en fit la cession immédiate à La Bruyère [1], sans doute à la prière de Bossuet, qui lui tenait par des liens de famille [2].

Par acte du 23 novembre 1673, « en présence des conseillers du Roy, notaires et gardes-notes de Sa Majesté, en son chastelet de Paris, » Métezeau déclara qu'il ne voulait « se faire pourvoir dudit office, » et par le même acte il constitua M. de.. .. son procureur général et spécial, avec pouvoir et puissance « de pour lui, et en son nom, disposer deladite charge en faveur de M. Jean de La Bruyère, advocat [3]. »

L'emploi n'exigeait pas résidence. Racine, qui, vers le même temps [4] et au même titre, presque gratuit, en eut un pareil en Bourbonnais, dans la généralité de Moulins, n'alla guère, que je sache, au siége de sa trésorerie.

---

[1] Eugène Chatel, *Étude chronologique* sur Jean de La Bruyère, Caen, 1861, in-8°, p. 5, 17.

[2] Une sœur de Bossuet avait épousé Joseph Foucault, veuf en premières noces d'une fille de Métezeau.

[3] Eugène Chatel, *Étude*, etc., p. 17.

[4] Racine était déjà *trésorier de France* en 1675, comme on le voit par le privilége de son *Iphigénie*.

Il s'y rendit une fois, y resta le temps de prêter serment et de faire une chanson pour madame de Fougère [1], obtint ensuite une permission de non-résidence [2], et ce fut tout. Je ne crois pas qu'il y soit retourné [3]. La Bruyère dut faire de même.

S'il avait obtenu cette charge toute de faveur, c'était, je crois, pour qu'il fût récompensé d'une autre, mal rétribuée sans doute, et qu'on l'encourageait à garder en lui donnant celle-ci comme sinécure. Racine fait trésorier paya Racine poëte, et La Bruyère me semble bien avoir été payé par le même titre du concours qu'il prêtait à Bossuet pour l'éducation du Dauphin [4]. Devenu un peu plus tard professeur de M. le Duc [5], et mal payé

---

[1] *Œuvres complètes* de Racine, édit. Hachette, t. II, p. 214.

[2] P. Mesnard, *Notice* sur Racine, en tête des œuvres, dans la *Collection des Grands Écrivains*, p. 269.

[3] G. Servois, *Correspondance littéraire*, 25 juin 1862, p. 242.

[4] V. plus haut, p. 310.

[5] On lit dans les *Mémoires* de Niceron, t. XIX, p. 191, que La Bruyère fut mis par Bossuet auprès de M. le Duc pour lui enseigner l'histoire, presque aussitôt après qu'il eut obtenu la place de trésorier à Caen. Nous pensons, nous, que ce fut deux ans plus tard. V. p. 21, note.

dans cette maison des Condé, où la générosité n'allait guère avec la grandeur, il garda son office à Caen pour suppléer à ses gages de Chantilly. Pour l'emploi qu'il remplissait sans répit ni vacance, il était récompensé par celui qui, sans aucune peine et sans même exiger de résidence, lui rapportait par an deux mille cinq cents livres environ [1].

Ce n'était pas, j'en jurerais, sans répugnance qu'un homme comme lui s'était résigné à ces sortes de compromis qui plaçaient si étrangement le travail d'un côté et la rémunération de l'autre. Le peu de fruit qu'il tirait de son esprit et de son savoir ajoutait à son amertume, quand il le comparait avec le produit de sa sinécure. Il trouvait ici l'argent et même la noblesse, car en devenant trésorier de France on était anobli [2]; là, pour

[1] Eugène Chatel, *Étude chronologique*, p. 23, pièce n° IX.

[2] V. plus haut, p. 176-177. — Guilleragues rappelle à Racine, dans sa lettre du 9 juin 1684, citée par M. Mesnard, p. 97, « qu'un trésorier général de France prend le titre de chevalier, et qu'il a la satisfaction honorable d'être enterré avec des éperons dorés. »

tout profit de son travail d'esprit, il n'avait que le plaisir de l'avoir fait. Il gémissait de ces inconséquences ; il s'indignait de ces inégalités, de ces injustices du gain, qui va trouver l'oisif en place, pendant qu'il échappe à celui qui travaille et qui pense :

« On paye, dit-il [1], au tuilier sa tuile, et à l'ouvrier son temps et son ouvrage ; paye-t-on à un auteur ce qu'il pense et ce qu'il écrit ? Et s'il pense très-bien, le paye-t-on très-largement ? S'anoblit-il à force de penser et d'écrire juste ?... Avoir s'il se peut un *office lucratif*, qui rende la vie aimable, qui fasse prêter à ses amis et donner à ceux qui ne peuvent rendre ; écrire alors par jeu et par oisiveté, et comme Tityre siffle ou joue de la flûte, cela n'est rien ; j'écris à ces conditions, et je cède ainsi à la violence de ceux qui me prennent à la gorge et me disent : Vous écrirez. Ils liront pour titre de mon nouveau livre : DU BEAU, DU BON, DU VRAI, DES IDÉES, DU PREMIER PRINCIPE, *par Antisthène, vendeur de marée.* »

Quelle ironie, et comme elle semble plus

[1] T. II, p. 96.

vive quand on sait ce qu'il avait été forcé d'être ! Mais quand il parlait ainsi, il ne l'était plus. Pour se donner le droit d'être amer et de le dire, il s'était volontairement démis, au commencement de 1687, c'est-à-dire un peu moins d'un an avant que son livre parût, de cette charge de trésorier, qu'on eût pu lui reprocher comme un des abus qu'il combattait[1].

Son ouvrage aurait pu lui rendre ce qu'il perdait; par surcroît d'indépendance, il n'en voulut rien avoir. Là encore, quoiqu'il eût dit qu'un gain trop souvent dénié était licite et nécessaire, il dédaigna tout argent pour lui-même. Ce que rapporta son livre fut à la fille de son libraire. Rien ne le paya donc de ces grandes leçons qu'il s'était acquis le droit de donner par la démission de sa charge.

Il l'avait occupée douze ans sans l'avoir peut-être exercée réellement un jour. Ex-

[1] Le 11 janvier 1687, il se démit volontairement de sa charge en faveur de M. de La Bonde d'Iberville. (Eugène Chatel, p. 24-25.) — Ce M. d'Iberville était un homme d'importance, qui avait été longtemps le principal commis de Colbert de Croissy et fut un instant ambassadeur à Mayence. Saint-Simon vante fort sa capacité dans les affaires (t. I, p. 304 305).

cepté, en effet, son voyage à Rouen et à Caen, pour le serment à prêter et la prise de possession, on n'a pas trouvé la moindre trace de sa présence dans ces deux villes, comme trésorier de France. M. le Prince l'employait trop ailleurs.

Un voyage avait pu lui suffire pour ses observations; il nous suffira pour son histoire. Cherchons ce qu'il y put voir, tâchons de ressaisir les impressions qu'il en put rapporter. Elles ne furent pas favorables, comme on en va juger.

Après avoir rempli toutes les formalités dont il pouvait s'acquitter à Paris, et dont la dernière avait été le versement d'une somme de douze cent quatre-vingt-seize livres « pour les droicts et marcs d'or » de son office, le 27 mars 1674[1], il se décida au voyage, il prit le coche de Rouen.

On était au mois d'août, il arriva le 20 au plus tard; les officiers de la chambre des comptes, devant lesquels il devait se présenter, ayant été convoqués le 23 pour l'ouverture du semestre. Malheureusement, l'exac-

---

[1] Eugène Chatel, *Étude chronologique* sur Jean de La Bruyère, p. 18.

titude n'étant pas de règle, chez ces messieurs des comptes, ils ne se trouvèrent pas en nombre suffisant; l'assemblée fut ajournée, « le semestre, comme on disait en pareil cas, fut remis à un autre jour [1]. » Le retard se prolongea près de trois semaines.

Le 11 septembre seulement, l'information put être achevée « sur l'âge, vie, mœurs, vacation, religion, extraction, comportement et moyens de Jean de La Bruyère. »

Il put satisfaire à tout, car ayant alors vingt-neuf ans, il avait plus que l'âge requis; il était très-bon catholique, puisqu'il avait failli être prêtre; je ne crois pas que ses mœurs fussent douteuses; son extraction était noble, car son père, en son vivant, s'intitulait « noble homme; » sa *vacation*, c'est-à-dire sa profession, ne laissait rien à désirer, puisqu'il était avocat; quant à ses moyens, il en avait justifié d'une manière suffisante par le payement des sommes exigées. On put donc passer outre et le recevoir au serment, ce qui eut lieu deux jours après, le 13 septembre, avec tout

---

[1] Eugène Chatel, *Étude chronologique* sur Jean de La Bruyère, p. 20-21.

l'appareil d'usage. M⁰ Michel Tesson, « commis au greffe de la chambre, tenant le plumitif, » alla quérir La Bruyère pour qu'il se présentât devant l'assemblée, que présidait M. de La Place. « Parvenu jusqu'au banc de messieurs les présidents, après les salutations ordinaires et accoutumées, » il fit une harangue en français, pour supplier Messieurs d'accepter son serment. Un interrogatoire était nécessaire, on y procéda. Messieurs les présidents, puis plusieurs de messieurs les conseillers-maîtres lui posèrent des questions « sur les fonctions de sa charge et les finances. » Il est à croire qu'il répondit bien et fit voir, comme son livre le prouva de reste plus tard, que rien ne lui était étranger parmi les choses de la finance, car tout aussitôt après une courte délibération de la chambre, il fut reçu au serment, qu'il prêta « entre les mains de M. de La Place, président, sur le livre ouvert des saints Évangiles[1]. »

Je ne sais si La Bruyère s'amusa beaucoup de ce cérémonial, mais il est sûr que ceux

---

[1] Eugène Chatel, *Étude chronologique* sur Jean de La Bruyère, p. 20-21.

qui le lui firent subir ne furent pas de son goût.

Il les trouva d'humeur hautaine jusqu'à la rusticité, et il l'écrivit. Dès la première édition de son livre, on y lit ce passage, où il est impossible de ne pas reconnaître Rouen [1], avec ses robins sans savoir-vivre et les paysans cauteleux de ses environs: «Toute campagne n'est pas agreste et toute ville n'est pas polie. Il y a dans l'Europe un endroit d'une province maritime d'un grand royaume où le villageois est doux et insinuant, le magistrat au contraire grossier, et dont la rusticité peut passer en proverbe [2].» Il n'en voulait alors qu'à la magistrature rouennaise. Plus tard, s'étant brouillé avec Fontenelle, dont il dit, en l'appelant *Cydias :* « C'est un composé de pédant et de précieux fait pour être admiré de la bourgeoisie de la province [3], » il ajouta le *bourgeois* au magistrat dans son arrêt contre Rouen [4]. On le lui rendit bien.

---

[1] Dans une *Clé manuscrite* que je possède, Rouen est positivement indiqué en regard de ce passage.

[2] T. II, p. 97.

[3] T. I, p. 240.

[4] C'est dans la quatrième édition qu'il mit cette addition désobligeante.

Il y avait alors dans la vieille ville normande quelques assemblées de beaux esprits et de savants, dont la plus célèbre se tenait dans le cabinet d'Émeric Bigot, homme très-érudit, et surtout fort bon grec [1]. A ce dernier titre, il dut être visité par notre traducteur de Théophraste, qui ne se plut pas, je crois, beaucoup dans ce cénacle d'érudition provinciale, et qui, en retour, n'y plut pas davantage. J'en ai un sûr témoin, c'est Bonaventure d'Argonne, qui fut longtemps moine à la Chartreuse de Rouen [2]. Il fréquentait assidûment le cabinet de Bigot, à ce point que les *Mélanges*, qu'il a publiés sous le nom de Vigneul-Marville, passent pour n'être que « le résultat, l'abrégé des conversations savantes ou conférences » qui se tenaient chez l'érudit rouennais [3]. Or, il n'est pas de livre où La Bruyère soit plus maltraité. Ce qu'on y lit sur son compte doit être le résumé de ce qu'on pensait de lui à Rouen, chez Bigot et bien d'autres.

---

[1] *Ménagiana*, t. III, p. 61.
[2] V. plus haut, p. 52.
[3] Joly, *Remarques sur Bayle*, in-fol., p. 693. — L'éloge de Bigot se trouve tout au long dans les *Mélanges* de Vigneul-Marville, 1re édit., p. 176-178.

La Bruyère était assez jeune quand il y était venu, puisqu'il n'avait pas trente ans. Sa raillerie devait être encore dans cette fleur mordante de la satire toujours prête, du rire toujours en éveil, qui n'attendent que l'occasion pour éclater et pour blesser. A Rouen, cette occasion ne lui manqua pas; il la saisit, et l'on se fâcha. Son livre témoigne de ces froissements de la susceptibilité normande : « Les provinciaux, dit-il [1], et les sots, sont toujours prêts à se fâcher et à croire qu'on se moque d'eux ou qu'on les méprise. Il ne faut jamais hasarder la plaisanterie, même la plus douce et la plus permise, qu'avec des gens polis et qui ont de l'esprit. »

En somme, l'impression que La Bruyère rapporta de Rouen fut des moins favorables, et celle qu'il y laissa de lui-même ne fut pas meilleure. Je ne serais donc pas éloigné de penser que la ville dont il fait, en la voyant, avec la rivière qui la baigne, du haut de la colline d'où l'on découvre « ses tours et ses clochers, » une description si flatteuse à l'exorde, si dénigrante à la conclusion, n'est autre que Rouen, vu à l'arrivée, du haut de

---

[1] T. I, p. 241.

la montagne Sainte-Catherine : « Quel plaisir, s'écrie-t-il d'abord, de vivre sous un si beau ciel et dans ce séjour si délicieux[1]. » Puis il ajoute aussitôt : « Je descends dans la ville, où je n'ai pas couché deux nuits que je ressemble à ceux qui l'habitent : j'en veux sortir. »

Il ne dut pas penser autrement après les deux ou trois semaines qu'il passa chez les Rouennais. Le titre dédaigneux de « petite ville » qu'il donne à celle dont il parle peut ne pas paraître applicable à la grande cité normande; mais, quand on réfléchit, on n'y voit qu'une malice encore, une épigramme de plus, et celle même qui dut être le plus sensible aux habitants de la riche capitale. Ce nom de « petite ville » est, à tout prendre, moins dédaigneux que celui qu'il lui donnait tout à l'heure en l'appelant : « *un endroit d'une province maritime.* »

Rien ne nous est resté de ses impressions sur Caen, où il dut se rendre après sa réception à Rouen. Huit jours après, il y était déjà, tant sa hâte avait été grande pour quitter l'autre ville. Il s'amusa, sur la route, du pa-

---

[1] *Ibid.*, p. 240.

tois, qui s'accentuait de plus en plus, à mesure qu'il avançait vers la basse Normandie, tâchant de s'en garder, pour son compte, car il le savait facile à prendre, et, comme il l'a dit, tout aussi contagieux à Falaise ou à Rouen que l'air de cour à Versailles [1].

Le cérémonial de son installation au bureau de Caen se fit sur simple requête, sans lenteur et sans ennui; un jour put y suffire.

C'était le 21 septembre. Dès le lendemain, La Bruyère eût été libre de se remettre en route pour Paris, mais je pense qu'il ne se pressa pas tant.

Il y avait, à Caen, d'agréables et savantes maisons, où il dut certainement tâcher de se faire introduire. La meilleure, toutefois, venait d'en être fermée peu de mois auparavant; c'était celle de Moisant de Brieux, mort au mois de juin précédent. « Cette académie de beaux esprits [2], » qui s'était peu à peu formée de la façon la plus simple, en émigrant chez l'hospitalier de Brieux de la boutique du libraire, où quelques causeries chaque lundi, en lisant la *Gazette*, lui avaient

---

[1] *Ibid.*, p. 299.
[2] *Carpenteriana*, p. 398.

servi de point de départ [1], eût été certainement du goût de La Bruyère par la bonhomie qu'on y mettait dans les entretiens. Il aurait pu, d'ailleurs, y trouver de ses amis de Paris, tels que Ségrais, dont il fit un si gracieux éloge en son *Discours* de réception [2]; tels aussi que M. Saint-Clair Turgot, qui ne manquait jamais d'être l'hôte littéraire de Moisant de Brieux [3] chaque fois que les loisirs de sa charge de conseiller d'État [4] lui permettaient quelque séjour à Caen, patrie de sa famille [5].

Nous n'avons pas de preuves bien précises des relations d'amitié de Saint-Clair Turgot avec La Bruyère, mais les indirectes ne manquent pas. On sait, par exemple, qu'ils

---

[1] Moisant de Brieux, *Poemata, pars altera*, 1669, in-16, p. 162.

[2] T. II, p. 266.—Cet éloge pour Ségrais rapproché de son oubli pour Fontenelle, dans le même discours, donne la mesure de ses sentiments si opposés pour Caen et pour Rouen, que ces deux auteurs représentaient à l'Académie.

[3] Moisant de Brieux, *Pœmata*, etc., p. 84, 108.

[4] En 1693, quand arriva l'aventure de sa fille, dont nous allons parler, il était doyen du conseil.

[5] Moisant de Brieux, *Poemata*, p. 137; Huet, *les Origines de Caen*, 1707, in-8°, p. 377-378.

avaient les mêmes goûts, puisque Turgot ne laissait échapper aucune occasion de faire preuve de littérature [1] ; et, qui plus est, les mêmes amis, puisque Santeul [2], si intimement lié avec La Bruyère, fréquentait aussi l'illustre conseiller, qui daignait parfois se faire poëte en son honneur.

On sait encore que dans la famille des Le Pelletier, alliée à celle des Turgot [3], La Bruyère avait des intelligences et crayonna des types [4].

Ce n'est pas tout, et notre meilleure preuve est là, il est certain que La Bruyère connut

---

[1] V., notamment, dans les *Œuvres* de madame Deshoulières, t. I, p. 167, et II, p. 63, des vers que Turgot lui adressa.

[2] *Œuvres* de Santeul, 2ᵉ part., p. 192.

[3] Le neveu de celui-ci avait épousé la fille de Le Pelletier de Souzy. V. Dangeau, 16 février 1688.

[4] « La brouillerie des deux frères, » dont il parle dans le *caractère* de Celse (t. I, p. 176), est la querelle survenue entre Claude Le Pelletier, prévôt des marchands, et son frère, Le Pelletier de Souzy, intendant des finances, tous deux jaloux l'un de l'autre. (*Corresp. admin. de Louis XIV*, t. II, p. 44.) Ses portraits du chapitre des *Jugements* (t. II, p. 111), « Tel connu dans le monde par de grands talents, etc., » représentent aussi les deux frères.

la charmante fille de Turgot, Catherine, plus tard madame de Boislandry, au sujet de laquelle il nous faut maintenant commencer le plus difficile et le plus délicat de tous nos chapitres.

XXXVII

Tout le monde a remarqué, dans les *Caractères*, celui d'*Arténice*, qui donne si bien le modèle d'une jeune fille accomplie en grâce simple et brillante, en esprit et en beauté. Nulle part, peut-être, l'art du merveilleux écrivain n'a mieux fait voir ce que son style, accoutumé aux âpres satires ou aux malices de l'ironie, pouvait avoir de touches délicates dans la louange. Jusqu'ici, nous n'avions guère eu de lui que des portraits vivement, vertement accentués, presque des caricatures, à prendre le mot dans le sens modéré qu'on lui donnait alors. Cette fois, c'est une miniature de Petitot qu'il nous donne, avec des nuances de coloris idéal, comme on en trouve chez Largillière. Je me suis défié.

Tant d'éclat dans l'éloge, sans ombre apparente, sans réticence visible, me mit en soupçon pour cet éloge même venu d'une telle main. Je me demandai s'il était possible que sa malice abdiquât ainsi tout d'un coup, et peu à peu j'arrivai, connaissant le terrain, à trouver que l'ironie était là, comme partout, cachant sa pointe dans la fleur de la louange et se faisant un poison de son parfum.

Ce qui me guida dans cette découverte, ce fut un examen plus attentif du portrait, au point de vue de la forme toute nouvelle qui lui est donnée et de la place qu'il occupe ; mais ce fut surtout la connaissance enfin acquise du caractère même et de la vie de la personne à qui La Bruyère pensait quand il le peignit.

Il nous le présente avec un titre, unique chez lui : il l'intitule *Fragment*. Ce n'est qu'un débris d'émail où l'on devra chercher non une physionomie entière, mais un côté de physionomie ; non le rayonnement d'une existence complète, mais le reflet d'une seule partie de cette existence, prise dans son passé, car le chapitre commençant par ces mots : « Il disoit..... » n'indique rien du présent ; cueillie, examinée, enfin, dans son printemps, car dès les premières lignes la femme représentée apparaît comme étant « trop jeune et trop fleurie pour ne pas plaire. »

Pourquoi cet appel au passé, s'interrompant sans conclusion, juste au moment où le présent devrait le continuer ? Ne serait-ce point parce que celui-ci n'en fut pas la continuation parfaite; et alors ne faudrait-il pas chercher dans l'esquisse inachevée de La Bruyère, faisant si bien voir ce qui avait été, la condamnation de ce qui fut depuis?

C'est ce que je fus insensiblement conduit à penser. Je ne doutai même plus, lorsqu'en regardant de plus près, je vis que ce portrait, au lieu d'être au chapitre du *Cœur* ou à celui des *Femmes*, se lit au chapitre des *Jugements*, si terrible pour la vanité de nos illusions, si cruel sur « la misère de la prévention[1]; » lorsque je songeai surtout que celle dont la vie s'y trouve étalée avec tant d'élogieuse complaisance pour sa jeunesse, et tant d'oubli, plein d'ombres, pour ce qui suivit, est Catherine Turgot, aussi charmante et délicatement vantée sous son nom

[1] T. II, p. 106.

de jeune fille qu'elle fut cruellement fameuse sous son nom d'épouse, madame de Boislandry.

Sa vie ne commence guère, pour nous, qu'à l'époque où les scandales y commencèrent; mais, pour savoir ce qu'elle fut dans sa première phase de candeur et de pureté, si différente de l'autre, on n'a qu'à relire la page de La Bruyère, qu'elle parfume de son charme, qu'elle pénètre de sa sérieuse et douce séduction. Ce n'est pas qu'elle soit trop sévère alors, avec cette « nuance de raison et d'agrément qui occupe le cœur et les yeux de ceux qui lui parlent; » mais elle impose, parce qu'elle est discrète, parce qu'elle écoute à ravir, parce qu'à la façon dont elle saisit votre esprit elle vous y fait croire; « parce qu'elle est toujours au-dessus de la vanité; » parce qu'elle est simple, « et qu'elle a déjà compris que la simplicité est éloquente. »

On la croirait, sauf le *précieux*, qui ne la gagna jamais, de cette époque dont la tradition s'effaçait de plus en plus, où les femmes menaient l'esprit et faisaient le succès de ses œuvres : beaux temps du *salon bleu*, d'où tombaient les oracles. La Bruyère n'y aurait peut-être pas été applaudi. Son livre, qui maltraite trop les femmes, Ménage l'a dit[1], eût souffert, comme réputation, de sa rigueur trop acérée contre celles de qui dépendait alors tout renom littéraire; mais, pour son compte, il s'y serait plu. Ce dut être par un souvenir de ce temps regretté qu'il prit à celle qui en avait été la reine le beau nom d'*Arténice*, pour le donner à la « belle personne » en qui revivait avec plus de simplicité et sans ridicule quelque chose de l'esprit de cette époque-là. *Arténice* était d'ailleurs l'anagramme du prénom de mademoiselle Turgot Saint-Clair. Comme madame de Rambouillet, elle s'appelait *Caterine*[2].

Plus tard, ce même nom fut autrement retourné; on en fit *Ricanete*, et, sous cette forme presque irrévérencieuse de légèreté, il convint à Catherine de Boislandry aussi bien que celui si fier d'*Arténice* avait auparavant convenu à Catherine Turgot. Entre ces deux travestissements si peu semblables de

---

[1] *Menagiana*, t. IV, p. 219.

[2] C'est Malherbe qui, dès 1638, avait arrangé l'anagramme d'*Arténice* pour la spirituelle *Caterine* de Rambouillet. V. *Lettres* de Balzac à Chapelain du dernier septembre 1638.

son nom, il y a pour elle toute une transformation d'existence et de mœurs. Le second anagramme lui vint de Chaulieu, qui la connut beaucoup, qui la connut trop [1]. On lui doit aussi de savoir que l'autre avait été donné par La Bruyère à mademoiselle Turgot, et de posséder ainsi la clef longtemps désirée de ce *caractère* [2]. Peut-être eût-il dû faire remarquer la différence. Il ne la vit pas. *Ricanete*, en se faisant préférer par ce libertin, avait fait oublier qu'elle avait pu mériter d'être *Arténice*.

De telles métamorphoses ont toujours une raison. Pour mademoiselle Turgot, comme pour tant d'autres, chez qui l'épouse continue si mal la pure et charmante jeune fille, il y eut entre ce qu'elle était et ce qu'elle devint l'intrusion malséante d'un sot mari. Les sottes s'en arrangent, comme de l'accord parfait; les spirituelles s'en affranchissent, comme d'une mésalliance; mais où vont-elles

---

[1] V. ses œuvres, *passim*.

[2] Chaulieu dit positivement, à propos de madame de Boislandry, dans une note signalée pour la première fois par Aimé Martin : « M. de La Bruyère l'a célébrée dans ses *Caractères*, sous le nom d'*Arténice*. » *Œuvres*, La Haye, 1777, in-12, t. I, p. 35-36.

après? Où se perdit Catherine Turgot.

Au mois d'août 1686, lorsqu'elle n'avait que vingt ans au plus, on lui avait fait épouser le petit-fils du président d'Aligre, M. Gilles de Boislandry. C'était, à l'apparence, un fort beau mariage : d'une part un grand nom, anobli par de belles charges, auquel la fierté bas-normande des Turgot devait être heureuse de s'allier; de l'autre, beaucoup de grâce et d'esprit, et une magnifique dot. Mademoiselle Turgot, dont la famille était des plus riches de la robe, n'avait pas apporté en mariage moins de 420,000 livres [1].

La Bruyère, qui connaissait déjà certainement Turgot Saint-Clair, soit pour l'avoir vu à Caen, soit par les relations d'amitié qui, nous l'avons dit, leur étaient communes, put être des premiers au fait de cette union, peut-être aussi des premiers à en porter le deuil. Il a trop bien parlé de Catherine en sa pure jeunesse, il a trop vivement dit de cette jeune et déjà « parfaite amie, » qu'il y avait en elle « de quoi vous mener plus loin que l'amitié, » pour n'être pas allé lui-même, en la regardant, assez loin sur ce

[1] *Journal* de Dangeau, 6 août 1686 (t. I, p. 368).

chemin-là. Sa pensée, au sujet de ce mariage, est ainsi facile à deviner. Quand, dès l'apparition de son livre, qui suivit d'assez près, il parla de l'espèce de fatalité que la richesse des dots jette dans les mariages [1], il me semble qu'il fait allusion à Catherine; mais plus tard il me paraît encore mieux y penser lorsqu'il dit : « Les belles filles sont sujettes à venger ceux de leurs amants qu'elles ont maltraités ou par de vieux, ou par de laids, ou par d'*indignes* maris [2]. » L'*indigne* était M. de Boislandry, dont on disait : « C'est un pied-plat [3]; » ou bien : « Il n'y a jamais eu un plus grand sot [4]. » Pour une femme de l'esprit de Catherine, la sottise était la pire *indignité*. Les amants, ou du moins les admirateurs dédaignés étaient donc trop vengés. Mais déjà, en 1692, quand La Bruyère écrivait ce qu'on vient de lire dans la septième édition, une autre vengeance avait commencé.

Si l'époux ridicule avait vengé les amants maltraités, Catherine se vengeait du sot mari avec des amants heureux. La transfor-

[1] T. I, p. 199.
[2] *Id., ibid.*
[3] *Chansonnier* Maurepas, t. VII, p. 427-429.
[4] *Id.*, notes.

mation que j'indiquais était en pleine voie. *Arténice* Turgot était devenue *Ricanete* de Boislandry.

« On peut la louer d'avance de toute la sagesse qu'elle aura un jour...., » écrit La Bruyère : peu à peu, ce qui avait été une vérité pour *Arténice*, *Ricanete* en avait fait une ironie. « Ayant, écrit-il encore [1], un penchant pour la retraite, il ne lui sauroit peut-être manquer que les occasions, ou ce qu'on appelle un grand théâtre pour y faire briller toutes ses vertus. » Autre vérité charmante pour *Arténice*, devenue sanglante ironie pour *Ricanete*, à laquelle il n'était resté du goût de la retraite et des vertus que leurs contraires et ce qui les suit. Au lieu du « grand théâtre » dont son mérite l'aurait rendue digne, pour peu qu'une occasion l'y eût fait monter, elle n'avait su parvenir, pour tomber enfin dans le scandale, qu'à cette corruption du brillant libertinage où tout est danger, même l'esprit, qui croit sauver ce qu'il embellit, mais qui ne relève rien.

C'est par là que Catherine Turgot nous semble s'être perdue.

---

[1] T. II, p. 100.

Son esprit s'était fait voir de bonne heure, mais par la discrétion et l'éveil charmant qu'elle donnait à celui des autres, plutôt que par l'expression écrite ou parlée, bien qu'elle eût « des saillies heureuses » à l'occasion.

« Laissant à Elvire les jolis discours et les belles-lettres, qu'elle met à tous usages, » elle se contentait d'abord de la sincérité sans ornement, de la persuasion sans phrases : elle ne s'y tint pas. Le succès de son esprit dans la discrétion finit par l'emporter au delà. *Elvire*, c'est-à-dire mademoiselle de La Force, dont elle était l'amie [1], et qui mettait, comme vient de le dire La Bruyère, « les belles-lettres à tous usages, » écrivait des romans [2], des chansons [3], mille choses. Catherine se laissa entraîner à faire comme elle, devinant qu'elle pourrait aussi bien faire et ne s'abusant pas. Je ne sais quels écrits couru-

---

[1] On trouve dans les *Œuvres* de Chaulieu, 1777, in-12, t. II, p. 219, une lettre adressée par lui, sous le nom de mademoiselle de La Force, à madame de Boislandry.

[2] V. Walckenaer, *Histoire de la vie et des ouvrages de La Fontaine*, 4ᵉ édition, p. 672.

[3] *Journal et Mémoires* de Mathieu Marais, édition Lescure, t. II, p. 35.

rent d'elle ; ses lettres, sans doute, qui, vues par La Bruyère, lui auront fait dire ce qu'on a lu plus haut [1] sur le talent des femmes dans ce genre d'écrire. En tout cas, et quoi qu'elle ait fait, le succès n'en fut pas douteux. On répéta partout. « qu'elle écrivoit comme madame de Villedieu [2], » ce qui était quelque chose alors ; et, qui plus est, on ajouta : « Personne n'a jamais écrit mieux qu'elle et peu aussi bien. » Ce dernier éloge est de Chaulieu [3]. Le mériter, de la part d'un tel homme, est une gloire pour l'esprit de madame de Boislandry, mais une recommandation bien périlleuse pour le reste de sa réputation. On n'était pas impunément connue et célébrée par les débauchés du Temple : Catherine le fut trop.

Une première émulation, dans les voies de mademoiselle de La Force, en amena une autre plus mauvaise. *Elvire* -- pour laisser à mademoiselle de La Force le nom que lui

---

[1] P. 170.

[2] Note inédite sur madame de Boislandry, communiquée par M. G. Desnoiresterres, qui lui a consacré lui-même un si curieux chapitre au t. II de ses *Cours galantes*, p. 244 et suiv.

[3] *Œuvres*, t. I, p. 36.

a donné La Bruyère,—n'avait pas que le caprice des lettres ; elle s'en permettait de toutes sortes, mettait dans sa vie plus de roman que dans ses livres, ne répugnait à aucune fantaisie galante, même s'il s'agissait d'un comédien[1] ; ébauchait ainsi, comme on disait alors, une foule « de mariages en détrempe[2], » sans pouvoir en faire un définitif, puisque l'on cassa celui qu'elle avait conclu avec le fils du président de Briou[3] ; et, en fin de compte, n'aboutissait qu'à être appelée partout une « fameuse aventurière[4]. »

Je n'ai vu nulle part qu'on ait donné le même nom à madame de Boislandry, mais je la trouve qualifiée « célèbre coquette, » ce qui ne vaut guère mieux, surtout quand je songe que c'est Chaulieu qui l'appelle ainsi[5], sans doute avec l'indulgente atténua-

---

[1] Elle avait, disait-on, été la maîtresse de Baron. Walcken., *loc. cit.*

[2] Senecé, *Œuvres posthumes*, dans la Bibliothèque elzévirienne, p. 326.

[3] V. Dangeau (14 juin et 8 décembre 1687) et une lettre *inédite* de Bourdelot, du 15 juin 1694, dans la *Correspondance* de l'abbé Nicaise, aux manuscrits de la Bibliothèque impériale.

[4] Senecé, *Œuvres posthumes*, p. 326.

[5] *Œuvres*, 1777, in-12, t. I, p. 213.

tion d'un amour qui se souvient, et quand je relis ce que La Bruyère pensait de toutes celles qui se laissaient désigner de cette manière : « Une femme qui n'a qu'un galant croit n'être pas coquette ; celle qui a plusieurs amants croit n'être que coquette [1]. » Madame de Boislandry fut de ces coquettes-là. Pour en répondre, il suffit de connaître ceux qu'elle fréquentait. Une note du temps [2] nous les a nommés. On y est, en quelques mots, renseigné sur « les sociétés qu'elle avoit avec l'abbé de Chaulieu, Servien, le marquis de La Fare, et autres beaux esprits voluptueux, dont elle étoit l'amie et la déesse. »

Remarquez bien : « l'amie. » Avec de pareils « voluptueux, » ce mot ne s'arrêtait pas au désintéressement de la simple amitié. On sait, d'ailleurs, que pour Chaulieu il alla jusqu'à la liaison complète [3].

Madame de Boislandry fut donc, n'en doutons plus, une galante [4], confondue, en son

---

[1] T. I, p. 184.
[2] C'est la note déjà citée que nous a communiquée M. Desnoiresterres.
[3] V. *Œuvres*, passim.
[4] « Cette petite femme, dit une note du *Chanson-*

temps, avec celles dont les noms valaient encore moins, sans avoir, comme elle, l'esprit pour se parer.

En de certains scandales, les degrés s'effacent; celle qui se tient plus haut n'est pas mieux vue que celle qui se tient plus bas. Aussi,—la triste preuve nous en sera bientôt acquise,—Catherine, dont la faute première dut venir d'une facilité d'humeur indiquée par La Bruyère et louée par Chaulieu [1], plutôt que de tout autre entraînement, se vit-elle, en dépit de la distinction qui ne l'abandonna jamais, et qui la garda certainement contre le dévergondage, non-seulement mêlée avec les dévergondées, mais traitée comme celles qui l'étaient le plus, et par le monde, et par son mari.

On ne la distingua pas des femmes dont les mœurs étaient le mieux à *l'escarpolette*, suivant le mot du jour [2], et qui

nier *Maurepas*, t. VII, p. 429, avoit nombre d'amants et ne leur étoit pas cruelle. »

[1] « C'étoit, dit-il (t. I, p. 35), une des plus jolies femmes que j'aie connues, qui joignoit à une figure très-aimable la *douceur de l'humeur* et tout le brillant de l'esprit. »

[2] *Lettre* du marquis de Louville au duc de Beauvilliers.

« péchoient tambour battant [1], » comme madame de La Ferrière, par exemple, dont l'intrigue avec son valet, montrée du doigt dans le caractère de *Glycère* et de l'affranchi *Parménon* [2], avait fait si grand bruit; comme mademoiselle de Briou, belle-sœur de mademoiselle de La Force, amoureuse du flûtiste Philibert, et chez qui l'on reconnut *Césonie*, folle d'amour pour le joueur de flûte *Dracon* [3]; comme tant d'autres encore, qui tenaient maison de dissipation de toute sorte, et que chacun reconnut et nomma quand La Bruyère eut écrit, à propos des oisives du monde, qui préludaient à tous les vices par cette oisiveté [4] : « Elle alloient le lundi perdre leur argent chez *Ismène*, le mardi leur temps chez *Climène*, le mercredi leur réputation chez *Célimène*. »

La première était madame de Monclar, et les deux autres, auxquelles il a donné exprès

---

[1] Senecé, *Épigrammes*, 1717, in-8°, p. 5.

[2] T. I, p. 202.—Madame de La Ferrière était fille du président de Novion, dont La Bruyère connut si bien toute la famille par son frère, qui y tenait de la main gauche, comme on l'a vu, p. 16.

[3] V. plus haut, p. 215-216.

[4] T. I, p. 192.

des noms presque pareils, pour indiquer leur proche parenté, étaient mesdames d'Olonne et de La Ferté, deux sœurs, déjà reconnues dans un précédent caractère : l'une sous le terrible nom de la femme de Claude, *Messaline*, l'autre sous celui presque synonyme de *Claudie*[1].

Il n'en était sans doute pas, dans la maison de madame de Boislandry, au Marais, tout près du Temple, dont elle n'était que trop la digne voisine[2], comme chez Ismène et chez Climène ; car n'aimant pas le jeu[3], elle ne souffrait pas qu'on perdît son argent chez elle ; et, toujours en fond de bon esprit, elle vous payait assez le temps qu'on lui donnait pour qu'il ne fût pas perdu. Mais il pouvait en être comme chez Célimène : les réputations pouvaient s'y perdre. La sienne en est la preuve.

Ce fut une raison d'éloignement pour toute femme encore honnête, mais de rapprochement aussi pour tout homme sachant le monde ou voulant le connaître. Vieux

---

[1] T. I, p. 189.
[2] *Chansonnier Maurepas*, t. VII, p. 413.
[3] Chaulieu, *Œuvres*, p. 281.

et jeunes y venaient donc; ceux-ci autant que les autres, car il me semble qu'il en fut là comme chez Ninon, à qui, par un des plus singuliers usages de ce temps, les mères « même les plus vertueuses, » remettaient leurs fils, afin que, la première éducation finie, ils pussent commencer l'autre sous le meilleur professeur[1].

Madame de Boislandry remplaça Ninon pour plusieurs, entre autres le jeune Lassay, fils de celui que nous connaissons : « C'est elle, lisons-nous dans la note déjà citée, qui avoit mis M. de Lassay en réputation, et l'on s'en étoit fié à elle, comme à une connoissance parfaite, et c'est dans le temps qu'il étoit son amant qu'on lui a donné le sobriquet de *Lassay*, *plutôt mort que lassé.* »

Il était alors « fort jeune, » suivant une note de l'abbé de Chaulieu, un vrai fruit

---

[1] « La maison de Mlle de L'Enclos étoit le rendez-vous de ce que la cour et la ville avoient de gens polis et estimables par leur esprit. Les mères les plus vertueuses briguoient pour leurs fils qui entroient dans le monde l'avantage d'être admis dans une société aimable, qu'on regardoit comme le centre de la bonne compagnie... » Notice sur l'abbé Gédoyn, en tête de ses *Œuvres diverses*, 1745, in-12, p. xj.

vert : il n'en fut que plus appétissant pour Catherine, qui commençait à mûrir.

L'abbé en eut grand dépit et le fit voir par quelques reproches indirects, comme ceux qui parlent en si jolis vers dans la lettre qu'il écrivit à Catherine sous le nom de son amie, mademoiselle de La Force [1], puis enfin plus ouvertement. Il voulut en finir; conseillé par La Fare, il jura qu'il romprait [2], mais ne resta pas moins attaché. N'ayant plus l'amour, il lui fallait l'amitié; le cœur qui le charmait lui échappant, il se contenterait de l'esprit, dont la gaieté l'amusait [3], dont la finesse aiguisait le sien [4]. Catherine le garda pour ami, avec des retours d'un sentiment vers l'autre, si bien que Chaulieu eût pu dire, comme autrefois Montreuil [5] : « Je me sens pour vous une amitié si forte, qu'entre elle et l'amour il n'y a qu'une feuille de papier, encore est-ce du papier qui boit. » Tout alla, de cette façon, cahin-caha entre les deux penchants, jusqu'à

[1] *Œuvres* de Chaulieu, 1777, in-12, t. II, p. 219.
[2] *Id.*, p. 100.
[3] *Id. ibid.*
[4] *Id.*, p. 115.
[5] *Œuvres*, 1666, in-12, p. 89.

la rupture, sans remise ni remède, à la fin de 1712.

Après avoir été séparée de son mari à la suite d'un scandale, dont vous ne connaîtrez que trop l'éclat dans un instant, Catherine était devenue veuve.

Ce pouvait être le moment de désarmer, le commencement de la fin. Madame de Boislandry avait alors beau jeu pour faire comme tant d'autres, en se jetant dans la dévotion, par le troc aisé du directeur mis à la place de l'amant : la duchesse d'Aumont, qui fit tant parler d'elle avec le Père Gaillard [1] ; mesdames d'Olonne et de La Ferté,

---

[1] C'est d'elle que La Bruyère a parlé quand il a dit, t. I, p. 189 : « Quelques femmes donnent aux couvents et à leurs amants... » Saint-Simon la ménage sur ce point, mais les *Chansons* disent ce qu'il tait : « On avoit toujours, lit-on dans une note du *Chansonnier* Maurepas (t. VII, p. 87), médit d'elle et de ses directeurs. Les deux plus fameux qu'elle ait eus jusqu'à cette présente année 1691 étoient : le P. Gaillard, jésuite, qu'elle quitta pour un prêtre de l'Oratoire, appelé le P. La Roche. » La Bruyère, qui était bien avec le P. Gaillard, dont il parle dans la lettre inédite que j'ai vue à Londres, chez le libraire Bone, avait pu connaître la première de ces deux intrigues, dont le bon père était coutumier, car plus tard on

« qui tâchèrent d'être dévotes [1], » après avoir été si longtemps et si facilement autre chose, tenaient cette prudente conduite. Catherine avait trop de sincérité pour la suivre. Coquette elle était, coquette elle resta, au risque de tomber dans le ridicule de ces acharnées aux apparences de la jeunesse, que La Bruyère trouvait si haïssables avec leur teint *plombé* [2], « de la céruse sur le visage, de

---

parla de lui et de la duchesse de Choiseul (*Pluton Maltôtier*, p. 83). Quant au P. La Roche et aux bontés de madame d'Aumont pour lui, Brillon en a très-nettement parlé dans le *Théophraste moderne*, 1701, in-8°, p. 378 : « Un directeur est bien récompensé par le don d'une maison de campagne, suivi d'une pension plus forte que le revenu d'une riche commande. Il n'y a personne qui ne se chargeât, à ce prix, de la conscience d'une duchesse pénitente. » On voit à la *Table*, qui sert aussi de *clé*, qu'il s'agit de la duchesse d'Aumont et du P. La Roche.

[1] Saint-Simon, édit. Hachette, in-18, t. VII, p. 34. Ce sont elles qui, toujours selon Saint-Simon, auraient eu ce petit dialogue, mis en épigramme par Borde :

« *Voici, ma sœur, le saint temps de carême,*
Disoit Chloé, nos péchés sont bien grands;
Il faut fléchir la justice suprême.
—Que ferons-nous?—Faisons jeûner nos gens. »

[2] Il est des premiers qui se soient servis de cette ex-

fausses dents et des boules de cire dans les mâchoires[1]; » et dont il a dit : « La coquette meurt parée et en rubans de couleur[2]. »

---

pression (t. I, p. 182). On la trouve un peu plus tard dans Saint-Evremond (*Œuvres choisies*, édit. Ch. Giraud, t. III, p. 146), et ensuite dans Marivaux, *le Jeu de l'Amour et du Hasard*, acte I, sc. 1.

[1] T. I, p. 182. Ce dernier détail, qui prouve à quel point La Bruyère était au fait des minuties de la coquetterie, m'a donné beaucoup de peine pour un exemple à trouver. M. Rœderer l'avait cherché inutilement. (V. ses notes sur La Bruyère, *Œuvres*, t. V, p. 329.) Enfin, dans une des annotations de Saint-Simon sur Dangeau (19 juin 1697), j'ai vu que la vieille princesse de Mont... se permettait ce raffinement. « Elle étoit à Marly, dit-il, toute peinte de blanc, de rouge, jusque sur les lèvres; de noir au sourcil et aux paupières, des *boules dans la bouche*, etc. » Dans le livre de Bernier, déjà cité bien des fois, *Réflexions, pensées et bons mots*, par le sieur Pépinocourt, 1696, in-12, on lit aussi, p. 148 : « N'avons-nous pas vu des femmes qui, pour cacher l'enfoncement de leurs joues, avoient continuellement des *boules de cire dans la bouche?* »

[2] Passé quarante ans, les femmes devaient quitter les rubans de couleur et ne paraître qu'en coiffe. La grande Mademoiselle voulut un jour persuader à Lauzun que lorsqu'on était de très-haute qualité on pouvait se les permettre plus longtemps; mais ce n'était qu'un raisonnement de vieille coquette, qui veut des

Jusqu'aux abords de la cinquantaine, madame de Boislandry voulut plaire et eut des amants. En 1710, c'était M. de Chevilly, lieutenant, puis capitaine aux gardes, qui deux ans après devint son mari[1], au moment

raisons pour sa coquetterie. V. ses *Mémoires*, 1858, in-18, t. IV, p. 466. — On pourrait s'étonner que La Bruyère fût si bien au fait de tout ce qui regarde la toilette; on se l'explique en pensant qu'il connut beaucoup de femmes, surtout à l'hôtel de Condé, notamment madame la comtesse de Langeron, qui, dans cette sphère de coquetterie, y dirigeait tout. « Madame de Langeron, lit-on dans une *lettre* de madame de Sévigné (17 janvier 1680), est l'âme de toute la parure de l'hôtel de Condé. » La Bruyère, qui était fort de ses amis, lui servait quelquefois de secrétaire. Parmi les dix-sept lettres autographes que M. le duc d'Aumale possède de lui, il en est une qu'il écrivit sans doute sous sa dictée, et qu'elle a signée. Servois, édit. des *Caractères*, dans la *Collect. des Grands Écrivains*, t. I, p. vi, note.

[1] *Mémoires* de Maurepas, t. I, p. 240. — Elle l'épousa en décembre 1712. *Journal* de Mathieu Marais, édit. Lescure, t. I, p. 150. — Il y avait des militaires dans la famille de son premier mari, tels que M. de Boislandry, qui était capitaine au régiment de La Châtre. (*Mém.* du marquis de Sourches, t. I, p. 216.) C'est par là qu'elle dut entrer dans ces sortes d'intrigues soldatesques, autrement dit alors les *amours grivois*. Un couplet, reproduit dans la

où l'on pouvait croire que cette liaison allait finir comme le caprice de toutes les autres.

Depuis lors, on ne parla plus guère de Catherine, si ce n'est pour un procès d'affaires qu'elle eut avec ses frères, dont l'un était évêque de Séez [1], l'autre intendant du Bourbonnais [2], et tous deux des hommes trop graves pour garder avec elle une intimité sincère. Le débat n'eut pas, toutefois, de

Biblioth. bibliophilo-facétieuse des frères G. B. O. D., p. 60, le lui rappela :

> *Pour la centième fois*
> *Boislandry la commode*
> *Jure qu'il est de mode*
> *D'en conter aux grivois.*

[1] V. la *Gazette* du 19 juillet 1710. Cette année-là, il fit, comme secrétaire, le procès-verbal de l'assemblée du clergé, tenue à Paris. *Biblioth.* du P. Lelong, t. I, p. 462, n° 6,908, et t. IV, p. 280, n° 5,432.

[2]. Il était né le 16 décembre 1668, et mourut le 2 mars 1748. (V. le *Mercure* du mois d'avril, p. 213.) « M. Turgot, dit l'abbé Goujet dans une note du *Catalogue manuscrit* de sa Bibliothèque, t. V, p. 769, aimoit les gens de lettres, les invitoit chez lui et les recevoit avec politesse. Je l'ai souvent fréquenté, et j'y ai toujours trouvé une société convenable. » Le chevalier de Mailly lui dédia son recueil, *Nouvelles toutes nouvelles*, 1710, in-12.

trop longues suites; au mois d'août 1729, il était arrangé[1], et rien ne paraît plus avoir troublé les derniers jours de cette vie si mêlée. Catherine mourut le 18 mai 1737.

Il va sans dire qu'il y eut alors sur son compte un assez bruyant réveil de souvenirs qui ne lui firent pas une bien flatteuse oraison funèbre. On rappela ce qu'elle avait été, et, par malheur pour elle, madame de Chevilly, qui était enfin revenue, avec l'âge, à la première sagesse d'*Arténice*, fut moins citée que *Ricanete*, dont les folies avaient tant mis en vue madame de Boislandry. « Elle a, lit-on dans la note que vous connaissez déjà, fait beaucoup parler d'elle dans sa jeunesse sous ce nom. Elle doit laisser des amas précieux de tout ce qui s'est fait et passé de galant tant à la cour qu'à la ville. »

Dans ce précieux amas d'histoires, il n'y en avait pas de plus curieuse que la sienne, surtout prise à l'époque de sa séparation avec son premier mari, dans le plein du scandale inouï dont ce brutal avait cru bon de la compliquer.

Les deux mots que j'en dirai nous ramè-

---

[1] Lettre *inédite* de Marais à Bouhier, 17 août 1729.

neront au *fragment* où La Bruyère a parlé de Catherine, et pourront, je crois, vous en expliquer l'énigme.

C'était en 1693; madame de Boislandry, mariée depuis sept ans déjà, n'ayant rien pour se distraire du dégoût que lui inspirait son mari, pas même la maternité, puisqu'une fille, seule enfant qu'elle ait eue, était morte huit mois après sa naissance[1], s'était jetée, avec toute la fougue d'une dissipation désespérée, dans le monde compromettant où nous vous l'avons fait voir. M. de Boislandry laissa faire. N'avait-il pas de soupçons? Je l'ignore; mais, comme cela arrive souvent, sitôt qu'il en eut, ils allèrent trop loin. Il intenta contre sa femme une action publique, en l'accusant d'adultère d'abord, puis en appuyant cette accusation d'une autre bien plus grave : il aurait eu, disait-il, à souffrir lui-même dans sa santé des désordres de Catherine au dehors. Vous comprenez le bruit que dut faire un incident de cette nature. On s'en émut partout, mais

---

[1] Née le 21 septembre 1691, elle mourut le 2 avril suivant. La Chesnaye des Bois, *Dict. de la Noblesse*, 2ᵉ édit., t. I, p. 173.

chez les Turgot plus qu'ailleurs. Le père voulut une justification pour sa fille, et, afin de l'obtenir, ne marchanda pas avec l'éclat d'un nouveau scandale. A sa demande eut lieu une enquête, où deux médecins furent les juges, et pour laquelle rien ne fut épargné [1]. Le rapport fut favorable à l'accusée.

Sa réputation seule était malade, mais mortellement; Catherine fut légalement séparée de son mari, qui garda, ce qu'il demandait surtout, la meilleure partie du bien [2].

[1] *Chansonnier Maurepas*, t. VII, p. 436.

[2] « Les négociations furent longues, dit une note du *Chansonnier Maurepas* (*id., ibid.*). Madame de Boislandry et M. Turgot de Saint-Clair vouloient que le mary rendit la dot telle qu'il l'avoit reçue de sa femme, ce qu'il ne pouvoit faire, en ayant employé une partie à l'acquisition d'une maison où ils logeoient, et qu'il offrit de rendre pour le prix qu'elle luy avoit coûté. Mais enfin le médiateur, — c'étoit le chancelier Boucherat, — régla que le mary garderoit le bien et lui feroit 8,000 livres de pension. » La maison en litige se trouvait rue de la Perle, au Marais, tout près de la rue Vieille-du-Temple et du jeu de paume de la *Sphère*. Elle dépendait du franc-aleu dont Bruant des Carrières et son frère Libéral Bruant, l'architecte, étaient détenteurs, comme on le voit par le partage des biens de la succession de Bruant des Carrières, dont l'acte, en date du 7 octobre 1696, passé

Pour elle, grâce à la liberté plus grande qu'elle obtint ainsi, elle se consola du reste.

Le deuil dura davantage chez ses amis, qui, comme La Bruyère, l'ayant admirée dans la candeur de sa pure jeunesse, avaient à gémir des doutes sans nom dont elle avait subi l'outrage, et qu'une justification médicale ne pouvait pas tous détruire. Ceux qui n'eurent pas à dire leur opinion furent les moins à plaindre. La Bruyère fut obligé de dire la sienne. Une nouvelle édition de son livre était attendue. Depuis deux ans, ce qui était bien long, il n'en avait pas donné. On était donc de la curiosité la plus impatiente pour les nouveaux chapitres, que, suivant l'usage, on espérait trouver dans cette édition, au sujet des choses qui avaient pu faire événement depuis la dernière.

L'aventure de madame de Boislandry était la plus intéressante de toutes. On l'y guetta d'autant plus qu'on n'ignorait pas qu'il avait connu la dame. Comment pourra-t-il en parler? Qu'en dira-t-il? Il s'en tira,

---

devant les notaires Delange et Lavalette, nous a été communiqué par M. de Mareuil, descendant de des Carrières.

comme on l'a vu, avec la délicatesse la plus exquise, la plus discrète, mais aussi la plus terrible.

Dans son livre, qui reparut, en effet, peu de mois après, et qui dut être si avidement dévoré aux endroits où un signe nouveau, « qu'on avoit exigé de lui, » indiquait les additions nouvelles[1], on ne trouva qu'un regret voilé. Mais, placé comme il l'était au chapitre des *Jugements*, c'est-à-dire des choses qui se démentent, désillusions ou contradictions humaines, ce regret plein d'éloges pour le passé, sans un mot pour le présent, sur le seuil duquel il faisait un arrêt si brusque, fut, je le répète et vous le penserez comme moi, la plus navrante des condamnations. La Bruyère ne pouvait rien de plus fort, comme leçon, contre madame de Boislandry, et pour la faire rentrer en elle-même, que d'opposer au désordre public de la femme ce que la jeune fille avait fait espé-

[1] Ce signe est une main figurée dans la marge, avec un doigt étendu vers le passage indiqué. Le premier se trouve à la page 75 de la 8ᵉ édition, avec ces mots au-dessous : « Marque qu'on a exigée de moy pendant le cours de cette édition. »

rer de vertus[1] : au fruit gâté, la fleur sans tache.

XXXVIII

« Il n'y a pas de femmes qu'il n'ait peintes, » dit l'auteur des *Sentiments critiques*[2], qui veut bien, cette fois, adresser à La Bruyère un éloge sans restriction, mais dont la franchise même est peut-être encore une malice. Dire qu'il les peignit toutes, c'est naturellement insinuer qu'il les connut toutes aussi, et par là donner sur le sérieux de sa personne des doutes qui pouvaient lui faire tort en son temps; dans le nôtre, ils ne seront que l'explication de son expérience. Nous n'en aurons qu'une confiance plus grande en ce qu'il a écrit. Nous savions déjà, d'ailleurs, et nous l'avons dit[3], que comme

---

[1] M. Rœderer, *Notes sur La Bruyère*, au t. V de ses *Œuvres*, p. 421, a bien remarqué qu'il s'agit dans ce portrait d'*Arténice* des promesses du jeune âge pour l'âge mûr; mais, ne sachant pas de qui il était question, il n'a pu comprendre ce qui s'y trouve : la condamnation de l'âge mûr par ces promesses mêmes de la jeunesse.

[2] P. 172.

[3] V. plus haut, p. 229.

esprit, et qui plus est, comme homme, bien qu'en cela sa séduction fût moindre, « il étoit couru des femmes [1]. » Avant d'être célèbre, il avait eu ce succès, que sa célébrité ne fit qu'accroître. On dévora son livre dans le monde où il l'avait pris, et qui tout d'abord n'en fut si curieux que pour voir s'il s'y reconnaîtrait. « Je rends au public ce qu'il m'a prêté, » a-t-il dit en commençant la préface [2]. Personne ne lui avait plus prêté que les femmes, et personne ne fut plus qu'elles avide à chercher sur ses pages les traces de l'emprunt. Ménage, qui n'avait bien connu que les *Précieuses,* dont une si vive satire eût blessé la prude vanité, craignait qu'il n'y eût contre les *Caractères* une révolte de même sorte parmi les femmes de son temps, et que, par suite, ils ne réussissent pas [3]. Le contraire eut lieu. Ce fut à qui,

---

[1] Dans le rarissime petit livre *les Dépêches du Parnasse,* 2ᵉ dépêche, du 15 septembre 1693, se trouve une chanson sur La Bruyère dont un couplet dit :

> *Dieu veuille que cet auteur,*
> *Dont je suis le serviteur,*
> *Que toutes les femmes courent,* etc.

[2] T. I, p. 124.
[3] *Ménagiana*, t. IV, p. 219.

parmi celles du monde, se donnerait le plaisir de cette lecture irritante.

Depuis longtemps, elles ne s'étaient intéressées à aucun livre; d'autres distractions ou d'autres modes les avaient enlevées à celles de l'esprit : « Les femmes, avait dit La Bruyère [1], sont de nos jours ou dévotes, ou coquettes, ou joueuses, ou ambitieuses, quelques-unes même tout cela à la fois : le goût de la faveur, le jeu, les galants, les directeurs ont pris la place et la défendent contre les gens d'esprit. » La Bruyère la reprit d'assaut. Il ramena les femmes à la lecture par un livre où l'une des plus vives parts de critique était pour elles; Boileau, qui fit comme lui pour sa *Satire X*, se créa de la même façon des lectrices qu'il n'avait jamais eues.

Plus l'attaque était vive, plus l'appât eut de séduction : les plus curieuses se trouvèrent dans le coin le plus attaqué. Avoir un exemplaire de la main de l'auteur fut une bonne fortune; en avoir deux fut un triomphe dont on s'empressait de faire partager la joie.

J'ai vu, chez mon ami le savant Victor

---

[1] T. II, p. 147-148.

Luzarche, de Tours, un exemplaire de la septième édition, sur la garde duquel on lit cet *envoi*, qui doit certainement venir d'une plume de cour, tant l'orthographe en est de qualité :

Monsieur,

Je vous prie de recevoir ce livre; il vient de lauteur, qui man a donne deux, dont je vous an nanvoie eun.

Ie suis vostre servente

Tres h.,

M. M.

La Bruyère n'eut que ces exemplaires ainsi donnés à d'autres, qui à leur tour en faisaient des présents, comme profit et rémunération de son livre.

C'est le moment d'en redire l'histoire. Aussi bien sommes-nous au chapitre du *cœur* et au chapitre des *femmes;* il est donc à propos de revenir sur la belle action de son *cœur,* qui fit d'une bonne œuvre le prélude d'un admirable ouvrage, et qui créa pour la modeste fille d'un libraire la fortune d'une *femme* du monde.

« Je veux, dit-il, en ce chapitre du *Cœur*[1], où, par un délicat mélange, il associe tous les sentiments, je veux un homme qui soit bon, qui ne soit rien davantage. » C'est ce qu'il fut dans cette affaire.

« Quelqu'un, dit-il encore[2], fait bien. Veut-il faire mieux ? Que je ne sache pas qu'il fait bien, ou que je ne le soupçonne pas, du moins, de me l'avoir appris. » Et personne ne sut rien de son bienfait.

Il fallut un siècle pour qu'on le connût, et non par lui encore ni par quelqu'un à qui il en aurait parlé ; mais seulement par l'écho lointain d'une indiscrétion reconnaissante de celle à qui la fortune était ainsi venue.

Il avait médité longuement le dessein de son livre. En voyant le succès des *Maximes*, de La Rochefoucauld, et celui des *Pensées*, de Pascal, l'idée lui avait surgi d'entreprendre une tâche pareille, mais sans la moindre servilité d'imitation, et même avec l'intention bien marquée de faire autrement, dans

---

[1] T. I, p. 307. — L'auteur des *Sentiments critiques*, p. 176, veut bien ne trouver que peu de défauts dans le chapitre du *Cœur*.

[2] T. I, p. 349.

un cadre en apparence semblable. Pascal s'était surtout attaché à l'étude de l'âme, « en faisant servir la métaphysique à la religion[1]. » La Rochefoucauld s'était pris à l'amour-propre de l'homme, « cause de tous ses foibles[2], » et l'avait attaqué sans relâche, « quelque part où il se trouvât. » Lui, c'est aux mœurs qu'il voulut s'attaquer, et pour bien marquer son entreprise, il la mit tout d'abord sous le couvert de celui qui, chez les Grecs, en avait, dans des proportions moindres, mené à bien une presque pareille. Théophraste, qu'il traduisit exprès pour que son livre devînt l'avant-garde du sien, fut son patron, sa caution, son éclaireur. Bien que couvert ainsi par un grand exemple du passé, il craignit encore. Si l'élaboration du livre avait été longue, l'hésitation à le faire paraître ne le fut pas moins.

« Je surprendrois, écrit, parlant de lui, un de ses imitateurs, dont, je ne sais pourquoi, on n'a jamais sur ce point rappelé le témoignage[3],

---

[1] V. le *Discours sur Théophraste*, au t. I, p. 65.
[2] *Id., ibid.*
[3] *Ouvrage nouveau dans le goût des Caractères de Théophraste*, etc., 1697, in-12, p. 191. Ce livre, qui reparut deux ans après, sous le titre de : *Suite des*

je surprendrois bien des personnes si je leur disois que l'auteur de l'ouvrage, en ce siècle, le plus admiré, a été dix ans au moins à le faire, et presque autant à balancer s'il le produiroit. Ce genre d'écrire est extraordinaire, lui disoit-on, vous aurez tous les critiques à dos. »

C'est bien, en effet, ce qu'on lui répétait chaque fois qu'avec cette curiosité craintive de l'auteur qui essaye l'effet de son premier livre et tâte le terrain pour lui, il en faisait des lectures, comme nous l'avons vu chez Boileau [1], ou bien en communiquait le manuscrit à quelques intimes, tels que Malezieu, qu'il avait très-familièrement fréquenté chez Bossuet et chez les Condé.

Nous connaissons ce fait par Voltaire, qui le savait de Malezieu lui-même : « Quand La Bruyère, dit-il [2], montra son ouvrage manuscrit à M. de Malezieu,

---

Caractères de Théophraste, est de Brillon, qui s'est indirectement nommé à la page 228, en parlant d'un personnage du *Grondeur*, mousquetaire malgré ses parents, auquel on a, dit-il, donné son nom. Or, dans la pièce, ce personnage s'appelle Brillon.

[1] V. plus haut, p. 246.
[2] *Siècle de Louis XIV*, chap. 32.

celui-ci lui dit : « Voilà de quoi vous attirer « beaucoup de lecteurs et beaucoup d'enne- « mis. »

L'espoir d'obtenir les uns le fit passer sur la crainte qu'il pouvait avoir des autres, et sa résolution fut prise. Auparavant, il se précautionna toutefois, il se fit des sauvegardes : la première fut l'indépendance. Comme, dès le prélude, presque au commencement de la préface, il attaquait la vénalité des charges [1], il ne voulut pas qu'on pût lui reprocher de critiquer ce dont il vivait : il donna sa démission de trésorier des finances [2], se contentant, pour ressource, de son emploi chez M. le Prince. Ce n'est pas tout; comme en plus d'un passage encore il devait se prendre soit directement, soit par l'ironie, aux auteurs qui font métier d'écrire et vivent du scandale de leur plume, il voulut épargner à son livre tout reproche d'une vénalité pareille. Il le fit paraître avec l'intention formelle de n'en retirer aucun profit.

Ici nous allons laisser la parole à Formey, qui le premier, le seul même, mais d'après

[1] T. I, p. 60.
[2] V. plus haut, p. 436.

un témoignage irrécusable, nous a parlé de l'abandon si désintéressé que La Bruyère fit des produits de son ouvrage [1]. Il vient de nous entretenir du succès qu'il obtint et d'en chercher la cause, qu'il trouve moins dans les mérites du livre que dans la curiosité du public à en déchiffrer les malices, et il ajoute : « Voilà d'où vint ce grand fracas, qui surpassa de beaucoup l'attente de l'auteur, homme dans le fond simple et modeste, comme on pourra en juger par l'anecdote suivante que je tiens de M. de Maupertuis [2] :

« M. de La Bruyère venoit presque journellement s'asseoir chez un libraire [3] nommé

---

[1] Discours de Formey, lu en assemblée publique à Berlin, le 23 août 1787, à l'ouverture de la séance. *Mémoires de l'Académie des siences et belles-lettres*, etc. (août 1785 jusqu'à la fin de 1787). Berlin, 179?, in-4°, p. 24-25.

[2] Formey était, en effet, l'ami de Maupertuis. Matter, *Lettres, pièces rares ou inédites*, 1846, in-8°, p. 371, 413.

[3] C'était l'usage, avant la vogue des cafés, et cela depuis le XVIe siècle. V. la 27e *sérée*, de Bouchet (édit. in-12, p. 468). Il était de mode, disait Saint-Réal, en 1693, dans son traité de *la Critique*, « de vivre familièrement avec les libraires achalandés. » (*Œuvres*, 1745, in-12, t. IV, p. 364.)

Michallet[1], où il feuilletoit les nouveautés, et s'amusoit avec une enfant fort gentille, fille du libraire, qu'il avoit prise en amitié. Un jour, il tira un manuscrit de sa poche et dit à Michallet : « Voulez-vous imprimer ceci « (c'étoient les *Caractères*) ? Je ne sais si vous « y trouverez votre compte ; mais, en cas de « succès, le produit sera la dot de ma petite « amie. » Le libraire, plus incertain de la réussite que l'auteur, entreprit l'édition ; mais à peine l'eut-il exposée en vente qu'elle fut enlevée, et qu'il fut obligé d'imprimer plusieurs fois de suite le livre[2], qui lui valut deux ou trois cent mille francs. Et telle fut la dot imprévue de sa fille, qui fit dans la suite le mariage le plus avantageux, et que M. de Maupertuis avoit connue. »

L'authenticité de cette charmante anecdote ne paraît pas douteuse ; aussi personne n'en a-t-il douté. Quelque fait nouveau, toutefois, était à désirer comme preuve ; je m'étonne que l'on ne s'en soit pas tout d'abord enquis : il restait, par exemple, à savoir le

[1] Il avait été reçu libraire le 26 juin 1669, suivant Lottin. *Catal. chronolog.*, p. 139. Il mourut en 1699 ; sa veuve lui succéda.

[2] On sait que de 1687 à 1694 il y eut huit éditions.

chiffre exact de la riche dot produite par la vente des premières éditions des *Caractères*, puis surtout le nom du mari, qui fut un « parti si avantageux » pour la petite Michallet.

Nous avons découvert tout cela, sans le chercher, dans un livre que M. Walckenaër a mille fois feuilleté pour son *Histoire de la vie et des ouvrages de La Fontaine*, même pour son édition de La Bruyère, mais dont un endroit lui avait échappé; c'est la page où se trouvent groupés en quelques lignes ces détails curieux. Ce livre est un pamphlet contre les partisans, *Pluton maltôtier* [1].

La Cour-Deschiens, financier fameux, qui joue là le principal rôle, est en train de passer en revue tous les gens dont il a fait la fortune ou dont il a vu la chute.

«Je vois, continue-t-il, *Charles Remy*, mon porte-nom. Que le voilà bouffi depuis que je l'ai introduit dans les affaires sous le nom de Juli et que je lui ai fait gagner de grandes sommes, il a si bien conduit sa barque, qu'il est devenu, comme moi, secrétaire du Roi, qui est la lessive que nous nous donnons

---

[1] 1708, in-12, p. 168.

ordinairement pour un peu dépaïser notre naissance : aussi je lui fis épouser la fille de Michallet le libraire, dont il a eu en mariage plus de cent mille livres argent comptant. »

Tout cela est vrai, sauf la vanité enflée que l'envieux Deschiens prête ici gratuitement au mari de mademoiselle Michallet.

Renseignement pris, il se trouve que *Juli* ou de *Juilly*, qui, en 1708, figure réellement sur *la liste de MM. les conseillers secrétaires du roy, couronne de France et de ses finances,* et qui logeait à la porte Montmartre [1], était le plus simple et le plus honnête des gens de finance [2]. Il est le seul qui ne soit pas maltraité dans un libelle du temps où ils sont tous passés en revue et fustigés vertement au défilé [3]. Voici ce qui le concerne :

« Remi de July avoit commencé sa fortune

---

[1] *Almanach royal*, 1708, p. 69.

[2] Il fut, toutefois, inquiété par la chambre de justices, ainsi que Thévenin, en septembre 1716. (*Journal* de Dangeau, t. XVI, p. 451.) Plus tard, il mérita d'être conservé parmi les directeurs de *la Compagnie des Indes. Journal* de Marais, t. I, p. 409.

[3] *Origines, noms, qualités des fermiers généraux*, à la suite de la *Vie privée de Louis XV* (par Mouffle d'Argenville), t. I, p. 260.

dans les plus petits emplois, mais son assiduité l'a fait parvenir aux premiers postes de la finance. Il fut sous-fermier dans les aides, et fermier général en 1721[1]. Il avoit une grande probité, et il étoit l'homme du monde le plus droit et le plus uni [2]. »

La Bruyère n'avait pas été généreux à moitié pour la fille de Michallet; non-seulement il avait abandonné au père toutes les

[1] Il demeurait alors rue des Fossés-Montmartre. *Almanach royal* pour 1722, p. 70.

[2] Mouffle d'Argenville n'est pas moins indulgent pour Bellegarde, autre fermier général, et je m'explique cette double indulgence par le même intérêt: Bellegarde et July, selon M. P. Boiteau, dans son édition des *Mémoires de madame d'Épinay*, 1865, in-12, p. 5-6, étaient frères, et d'Argenville avait eu sans doute quelque avantage dans le bail des fermes qu'ils obtinrent ensemble, en 1721. Bellegarde eut deux filles, dont la cadette fut madame d'Houdetot, et trois fils : Lalive d'Épinay, Lalive de la Briche, Lalive de July. Celui-ci, selon M. P. Boiteau, aurait reçu son nom d'un oncle; ce serait notre July. On sait l'aventure de madame de Lalive de July, sa femme, belle-sœur de madame d'Épinay, avec Jelyotte, le chanteur. MM. de Goncourt viennent d'en reparler dans leur dernier livre, *Idées et Sensations*, p. 149-150, avec l'originalité qu'ils mettent partout. Je saisis cette occasion pour les remercier des indications curieuses que je leur dois pour ce livre.

éditions de son livre, avec les additions considérables dont elles s'enrichirent l'une après l'autre, et qui, chaque fois, en grossissant l'œuvre, ajoutaient à la valeur du présent, il voulut aussi que le bénéfice d'un autre ouvrage, conséquence de celui-là et sa suite naturelle, fût acquis de même, « pour la dot de sa petite amie. » Estienne Michallet, après avoir publié sept éditions en cinq ans, put, à la suite de la huitième, qui se fit attendre un peu plus, car il n'y eut pas moins de deux années entre elle et la précédente, donner le *Discours de réception* de l'auteur à l'Académie française.

Ce ne fut pas sans débat. Coignard fils, qui, en qualité de libraire de l'Académie française [1], publiait « toutes les pièces la concernant [2], » et chez qui, pour le dire en passant, s'élaborait alors, depuis longues années, le fameux dictionnaire [3], prétendit qu'ainsi que tous les autres

---

[1] Phélypeaux, dans une lettre à l'abbé Renaudot, du 28 juin 1694, l'appelle « l'homme d'affaires de tous ces messieurs les beaux esprits. » *Bulletin du Comité historique*, t. I, p. 63.

[2] *Livre commode des Adresses* pour 1692, p. 57.

[3] On l'attendait tous les jours. Il devait, par exem-

discours de réception, celui-ci lui revenait de droit, et que l'auteur devait le lui livrer.

La Bruyère tint bon pour Michallet et pour lui-même, contre cette attaque à sa propriété d'auteur et à son indépendance : il donna le discours à Michallet. Aussitôt Coignard actionna celui-ci, en introduisant une instance aux *Requêtes de l'Hôtel*[1], chargées de connaître de tous les différends relatifs aux priviléges des imprimeurs. Les détails de ce premier procès nous ont échappé, mais nous en savons l'issue : le 24 septembre 1693, c'est-à-dire trois mois après la réception de La Bruyère, qui avait eu lieu le 15 juin, Michallet obte-

ple, être publié certainement en 1692; le *Livre commode*, p. 60, l'annonçait : il ne parut que deux ans plus tard. Benserade, avec sa rage de discuter, avait été pour beaucoup dans ces retards, selon Furetière, 2ᵉ *Factum*, 1688, in-12, p. 19. Ils ne le virent paraître ni l'un ni l'autre. L'embarras pour l'*Épître dédicatoire*, que personne ne voulait faire ou du moins signer, fut aussi une cause d'ajournement. V. la *lettre* de Phélypeaux à Renaudot, du 28 juin 1694.

[1] Dans la *préface* de son *Discours*, publiée à la suite de la huitième édition, La Bruyère écrit, p. xx : « Deux libraires ont plaidé à qui l'imprimeroit; » et, en regard, il met cette note : « L'instance estoit aux Requestes de l'Hôtel. »

nait, par lettre royale, un nouveau privilége qui comprenait pour lui le droit d'imprimer le *Discours* en même temps que les *Caractères*[1].

On pouvait croire tout fini, mais des *Requêtes de l'Hôtel*, qui ne lui avaient pas donné gain de cause, Coignard passa aux *Requêtes du Palais*[2], où il attaqua le privilége.

Michallet ne tint pas compte de la nouvelle attaque. Il fit un premier tirage de la huitième édition, avec le *Discours* à la suite, en omettant seulement de le faire suivre du privilége mis en cause. Ce tirage, qui n'avait pas sans doute été considérable, dans l'espoir que celui qui suivrait pourrait contenir le privilége définitivement légalisé, fut, comme toujours, d'un épuisement rapide. Le second, pour lequel La Bruyère, qui ne laissait jamais échapper l'occasion de retouches possibles, avait trouvé moyen de faire encore des changements[3], ne se fit pas attendre.

[1] Il se hâta de le publier en brochure in-4°, dont les exemplaires sont devenus très-rares.

[2] Dans la 10ᵉ édition, p. xx, à la marge, mention est faite de cette nouvelle instance.

[3] Il en fit un, par exemple, à cet endroit de la

Cette fois, le privilége tant attaqué était à la suite, dans sa teneur authentique et complète. Après six mois de nouveaux débats, il avait

p. 129 : « Se mettre du rouge ou se farder, etc., » pour lequel M. G. Servois a fait une petite discussion de variante, fort curieuse, dans son édition des *Caractères*, qui sera la définitive comme la plus parfaite, et dont nous regrettons bien que le premier volume ait paru si tard, sans être suivi des autres. M. d'Ortigues, dans ses spirituelles et savantes notes, *La Bruyère et M. Walckenaër*, 1848, in-8°, p. 9, a dit aussi quelques mots sur cette variante ; mais, ne sachant pas qu'il y eût des exemplaires de la 8e édition avec des différences de textes, il ne put bien préciser ce qu'il en fallait penser. M. Destailleur, t. I, p. 181, fut le premier qui connut ces exemplaires modifiés du second tirage et qui les compara avec ceux du premier. M. Servois en parla ensuite dans sa petite édition classique des *Caractères*, première base de celle qu'il nous donne aujourd'hui. Les mots « se mettre du rouge ou se farde. » l'offusquèrent un peu ; il opta pour le texte du premier tirage : « Chez les femmes, se parer et se farder, etc. » Il s'est ravisé depuis, et son édition dernière tient pour le second texte, avec raison. L'espèce de répétition et de synonymie qu'il avait vue d'abord dans ces mots : « se mettre du rouge ou se farder » n'existe pas : jusqu'à la fin du XVIIIe siècle, se *farder* n'était pas se mettre du *rouge*, mais du *blanc*. V. Le Grand d'Aussy, dans la *Notice des manuscrits*, in-4o, t. V, p. 163.

été « registré sur le livre de la communauté des libraires et imprimeurs de Paris, le 4 mars 1694, » avec la signature « d'Aubouyn, syndyc [1]. »

On y apprenait tout au long la concession nouvelle faite par La Bruyère à Michallet : il y était expressément dit que celui-ci pouvait « r'imprimer » les *Caractères,* « avec des augmentations considérables faites par l'auteur, mesme y joindre la harangue qu'il a prononcée à l'Académie françoise. » Ce n'est pas tout : à cette libéralité, La Bruyère en joignit une autre qui, pour n'être que renouvelée, n'en fut pas moins comme un nouveau bienfait.

Le premier privilége, que, sur l'abandon de l'auteur, Michallet s'était fait accorder pour dix ans, le 8 octobre 1687, n'avait plus que peu de temps à courir. Encore trois ans, à partir du mois d'octobre 1694, et La Bruyère, rentrant dans la propriété de son livre pourrait couper court à un désintéressement qui, au gré d'un moins généreux, n'aurait déjà que trop duré : il ne

---

[1] V., sur ce syndic des libraires, une note de notre *Art de la reliure*, p. 137.

le voulut pas. Le premier abandon avait pu sembler une concession toute naturelle faite au libraire pour ses frais et les risques à courir; mais un second, de même étendue, fait après le succès immense, serait bien réellement une générosité inouïe.

Il s'en donna la joie, et cela, sans attendre, avec l'empressement de l'homme vraiment bon, qui se satisfaisant de la discrète reconnaissance d'un regard, a si bien dit : « Il y a du plaisir à rencontrer les yeux de celui à qui l'on vient de donner [1]. »

Ce dut être fête dans la maison de Michallet; la joie, dont le bienfaiteur se contentait comme payement, dut y briller mieux que jamais dans tous les yeux le jour où il vint dire qu'afin de grossir encore « la dot de sa petite amie, » il ajoutait dix ans aux trois qui restaient à courir, et permettait qu'un nouveau privilége en fît foi.

Ce fut le même qui consacrait pour Michallet le droit de publier le discours de réception, et qui témoigne ainsi d'une double générosité de La Bruyère. Il y est dit formellement, de par le Roi, et pour Michallet :

[1] T. I, p. 216.

« Nous lui avons permis et continué, permettons et continuons, d'imprimer et r'imprimer ledit livre et augmentations autant de fois que bon luy semblera, pendant le temps de dix années consécutives, à commencer du jour de l'expiration de nos précédentes lettres de permission, iceluy vendre et distribuer par tout notre royaume [1]. »

La Bruyère ne vit même pas l'expiration des premières lettres, il ne vécut pas jusqu'au bout de son premier bienfait. Il mourut plus d'une année avant que le nouveau privilége commençât.

Les héritiers, son frère l'abbé de La Bruyère en tête [2], ne durent pas être, je crois, disposés à continuer une générosité dont sa succession plus que modeste s'était

---

[1] Les éditions qui se publiaient partout, notamment à Lyon, où la 9ᵉ parut ayant une *clé* à part que nous avons plusieurs fois citée, se vendaient donc avec un bénéfice pour Michallet. On ne s'étonne plus de ce qu'il gagna et de son empressement à donner des livres du même genre, qui pourraient être pour lui des « vaches à lait » du même produit, comme on lit dans les *Réflexions*, etc. de Pépinocourt, 1696, in-8°, p. 51.

[2] V. plus haut, p. 17-18.

ressentie[1]; mais ils durent être moins disposés encore à y ajouter, ce qui, je crois, leur eût été possible.

Il y avoit deux ans, quand La Bruyère mourut, que la huitième édition de son livre avait été publiée. Depuis lors, selon son habitude de retouches sans fin et d'additions, il avait certainement remanié encore et augmenté les *Caractères* en vue d'une édition nouvelle. Quelques semaines après sa mort, cette nouvelle édition parut[2], mais, chose singulière, sans une retouche, sans une augmentation. L'on n'y avait ajouté que des fautes d'impression[3] : c'est que l'au-

---

[1] V., sur la modicité de sa succession, une note de Walckenaër, dans son édition, p. 756-757.

[2] Elle fut publiée trois semaines ou un mois après la mort de La Bruyère, suivant la note préliminaire de la *clé* manuscrite de l'Arsenal. V. aussi Bayle, *Histoire des ouvrages des savants*, 1696, in-12, p. 421, art. xv.

[3] On n'a qu'à voir les notes de l'édition Destailleur, qui relève toutes les variantes, pour s'assurer de l'incorrection de cette édition hâtive. On n'y trouve, comme *variantes*, que des *coquilles*. L'auteur des *Sentiments critiques*, qui travailla sur cette édition, fit souvent, de ces *fautes d'impression*, des *fautes* pour l'auteur.—J'ai dit plus haut, p. 56, 59, que

teur, si soigneux sur ce point, n'avait pu y jeter le regard du maître, ni par là y mettre cette correction si parfaite dans les autres; c'est qu'aussi, de leur côté, les héritiers n'avaient pas donné à Michallet l'exemplaire revu et augmenté de la main de La Bruyère.

Leur part, dans cette succession, n'était que là, ils la gardèrent; mais, de cette façon, elle resta stérile.

Michallet, à qui, tout le prouve, ils la refusèrent, trouvant qu'il n'avait déjà que trop obtenu à leur détriment, l'aurait fait fructifier en l'ajoutant au reste. Demeuré entre leurs mains, au contraire, sans espoir de voir le jour avant près de douze ans, puisque le libraire disposait seul du livre et de ses augmentations pendant tout ce temps, l'exemplaire annoté, qui était le projet de l'édition préparée par La Bruyère, s'oublia, s'égara; peut-être est-il perdu [1].

l'auteur de ces *Sentiments critiques* était l'abbé de Villiers; une note du *Journal de Trévoux* (mars 1701, p. 78) me l'a confirmé : « Ce livre, y est-il dit, est de la même main que les *Entretiens sur les contes de fée*. » Ceux-ci n'ont jamais été contestés à l'abbé de Villiers.

[1] En 1844, il existait encore. Voici, en effet, ce

Le peu de bienveillance que les héritiers de La Bruyère devaient avoir pour Michallet, détenteur de la plus belle part de sa succession avant qu'elle fût ouverte, est un de ces faits naturels qui se prouvent d'eux-mêmes.

Une autre circonstance va le corroborer. Parmi les papiers du défunt se trouvaient, en ébauche, des *Dialogues sur le Quiétisme*, qu'il avait écrits par amitié pour Bossuet, grand adversaire de cette erreur en vogue, peut-être même sous son inspiration et à sa prière. On met en doute l'existence de cet essai [1], mais ce qu'en a dit l'abbé d'Olivet [2] prouve qu'il exista, et la lettre retrouvée par M. Monmerqué, sur la mort de La Bruyère, le prouve encore mieux [3]. L'ami qui l'a écrite dit positivement : « Il m'avoit lu des *Dialogues* qu'il avoit composés, sur

qu'on lit dans le *Catalogue de la bibliothèque de M. Kastner de Bâle*, 1844, in-8°, 2ᵉ partie, p. 8, n° 40 : « Nous avons vu, chez un vieil amateur de Choisy-le-Roi, un exemplaire (des *Caractères*) portant des annotations et une préface de La Bruyère. »

[1] Walckenaër, édit. des *Caractères*, p. 77.
[2] *Hist. de l'Académie*, édition Ch. Livet, t. II, p. 322.
[3] *Revue rétrospective*, 31 octobre 1836, p. 141.

le *Quiétisme*, non pas à l'imitation des *Lettres provinciales,* car il étoit toujours original, mais des *Dialogues* de sa façon. »

Un autre ami en avait reçu communication, pour les compléter, en rapprochant du texte les passages des livres quiétistes auxquels ce texte pouvait faire allusion. Cet ami, fort bien choisi pour un pareil travail de confrontation, était le docteur Ellies Dupin, qui a tant écrit sur les matières ecclésiastiques. Parent de Racine[1], il était tout naturellement entré dans l'intimité de La Bruyère, et, malgré les censures de Bossuet contre quelques-unes de ses opinions théologiques[2], il était resté son ami. Après avoir revu les *Dialogues,* comme la Bruyère l'avait désiré, il les publia, espérant, ce qui eut lieu en effet, que Bossuet lui en tiendrait compte pour le remettre en ses bonnes grâces.

Aux sept *Dialogues* de La Bruyère, il en avait ajouté deux. La préface ne le laissa pas ignorer, ce qui exclut, à notre avis, toute idée de supposition pour le

---

[1] *Œuvres* de Fénelon, 1830, in-8°, t. XXIII, p. 354.
[2] Burigny, *Vie de Bossuet,* 1761, in-12, p. 360.

reste : un faussaire, en effet, n'eût pas manqué, s'il eût écrit les sept premiers dialogues, comme il avouait avoir fait les deux autres, d'attribuer aussi ces derniers à l'auteur dont le nom devait faire la fortune de l'ensemble. Quand il s'agit d'attribution fausse, on y va toujours largement : plus on prête, en effet, à celui dont la gloire posthume doit endosser le *faux,* plus il doit rendre. Je soutiens donc que, deux parts ayant ainsi été loyalement faites dans le volume des *Dialogues* qu'on pourrait avec vraisemblance attribuer tous à La Bruyère, l'une est réellement de lui, l'autre d'Ellies Dupin.

La famille surveillait, d'ailleurs, et n'eût pas permis de supposition. Nous avons vu [1] les protestations menaçantes du plus jeune frère de La Bruyère, l'abbé Robert, contre la prétendue *Suite des Caractères,* subrepticement faite par l'avocat Alleaume ; on n'en connaît pas de pareille contre les *Dialogues,* dont, en cas de faux, l'attribution eût été bien plus audacieuse : c'est donc, à notre avis, qu'il n'y avait pas à protester. Je dirai plus : la famille non-seulement consentit à la pu-

---

[1] V. plus haut, p. 17-18.

blication des *Dialogues,* elle s'y prêta.

Elle avait refusé, pour la neuvième édition des *Caractères,* l'exemplaire annoté de l'auteur, parce que tout le bénéfice de cette neuvième édition devait être pour Michallet; elle fut plus accommodante pour les *Dialogues,* parce que, et sans doute à sa prière, un autre libraire en aurait le profit. C'est Charles Osmont [1], un voisin de Michallet, un concurrent, qui les fit paraître.

M. Walckenaër [2] a vu là une preuve qu'ils n'étaient pas de La Bruyère; j'y trouve, moi, la preuve du contraire. Les criailleries des auteurs à la solde de Michallet ou de ses ayants cause, prétendant que l'ouvrage publié par une librairie rivale ne pouvait être de La Bruyère, me confirment encore dans cette opinion [3].

---

[1] Il demeurait rue Saint-Jacques, près de Saint-Séverin. Il fut libraire de 1688 à 1730.

[2] V. son édit. des *Caractères,* p. 78.

[3] Ces *Dialogues* eurent du succès. Si j'en croyais même les titres, qui diffèrent à chaque fois, ils n'auraient pas eu moins de trois éditions en 1699.

XXXIX

Un passage longtemps inaperçu ou dédaigné des *Mémoires* publiés par Soulavie, d'après les papiers de M. de Maurepas, donnait à croire que La Bruyère avait pu être marié secrètement. La seule preuve que ce mariage n'avait pas existé, c'est qu'à sa mort « il ne se trouva pas de contrat de mariage[1]. » Selon nous, il y a dans ce que nous venons de dire une autre preuve qu'il était « garçon, » comme dit l'abbé Drouin[2]. S'il n'avait pas eu l'indépendance du célibat, qui laisse à tous le libre usage de ce qu'ils possèdent et leur permet de faire des générosités spontanées, sans contrôle, il n'eût pas fait à la fille de Michallet un abandon aussi libéral, aussi soutenu, de ses droits. Le mariage, fût-il même clandestin et sans charge de famille, l'aurait empêché d'être aussi désintéressé, aussi généreux.

Nous avons déjà fait connaissance avec

---

[1] *Mémoires* de Maurepas, t. II, p. 224.
[2] Dans le passage cité plus haut, p. 16.

celle que les commérages du temps lui donnaient pour femme, et cette connaissance ne pourra pas s'étendre beaucoup. En dehors de son nom, déjà dit plus haut [1], nous ne savons presque rien sur son compte. Elle s'appelait mademoiselle de Saillans du Terrail. Où et comment La Bruyère l'avait-il connue? Je l'ignore. Elle était parente du P. de Saillans, qui, avant d'arriver à l'évêché de Poitiers, avait comme lui passé par l'Oratoire [2]. Peut-être est-ce à cette parenté que La Bruyère dut de la connaître. Elle se maria, et réellement, cette fois, en Bourgogne, avec M. de Saurois, trésorier de l'extraordinaire des guerres [3], qui était d'une très-bonne famille de Beaune et avait pour frère le fermier général Durey d'Harnoncourt [4]. De ce mariage naquit une fille qui épousa le duc de Brissac [5], et un fils qui, donnant au nom

[1] P. 229.

[2] *Mémoires* du marquis de Sourches, publiés par Adhelm Bernier, t. II, p. 34, 56.

[3] *Mémoires* de Maurepas, t. II, p. 224.

[4] *Vie privée de Louis XV* (par Mouffle d'Argenville), t. I, p. 244.

[5] « MM. de Brissac, disait Saint-Simon (t. XI, p. 348), ne sont pas délicats depuis longtemps en alliances. »

de sa mère le pas sur celui de son père, se faisait appeler marquis du Terrail[1] et se targuait volontiers de descendre de Bayard, ainsi qu'on le sait par Piron[2], fort au fait des affaires de cette famille, comme ancien commis de l'oncle Durey d'Harnoncourt[3]. M. du Terrail faisait grande figure à Dijon, dont l'Académie l'avait pour protecteur[4].

Toutes les attaches de cette maison avec la Bourgogne et sa ville principale me feraient croire que mademoiselle de Saillans en était elle-même, et que La Bruyère l'avait connue à Dijon. L'hommage qu'il rend quelque part au nom de Bayard[5], par préférence à tous nos anciens preux, me semble aussi une attention délicate pour les prétentions de mademoiselle du Terrail à l'avoir comme ancêtre.

De l'esprit de cette personne et de sa

---

[1] V. H. Bonhomme, *Piron, complément de ses œuvres inédites*, 1865, in-12, p. 252.

[2] *Lettres* d'Alexis Piron à M. Maret, Lyon, 1860, in 12, p. 72.

[3] V. notre *Notice* sur Piron, dernière note.

[4] H. Bonhomme, *Œuvres inédites* de Piron, 1859, in-8°, p. 265; *Complément de ses Œuvres inédites*, p. 159.

[5] T. II, p. 120.

beauté, je ne sais rien. L'épithète de « vilaine » dont on fait précéder son nom dans la chanson déjà citée[1], n'est pas une bien flatteuse garantie pour ses charmes; mais fût-elle laide, comme ce « vilain » mot le ferait craindre, La Bruyère pourrait ne l'avoir pas moins aimée. Laideur, pour lui, n'était pas obstacle à l'amour, quand d'autres charmes compensaient; il pouvait même n'être que plus violent. N'a-t-il pas dit : « Si une laide se fait aimer, ce ne peut être qu'éperdûment[2]. » Pour lui, « une jolie main[3] » et « la voix de celle qu'on aime[4] » suffisaient comme enchantement.

Si nous n'avons rien à dire davantage sur mademoiselle du Terrail, en revanche nous connaissons mieux une famille où La Bruyère eut peut-être un autre amour. Cette famille est celle de Belleforière-Soyecourt. « Madame la marquise de Belleforière, dont il étoit *fort l'ami*, lit-on dans la *Bibliothèque des écrivains de l'Oratoire*[5], pourroit donner quel-

---

[1] V. plus haut, p. 330.
[2] T. I, p. 213.
[3] *Id.*, p. 208.
[4] *Id.*, p. 209.
[5] Citée déjà, p. 27.

ques mémoires sur sa vie et son caractère. » Cette marquise, plus jeune que lui, n'était pas son unique, ni surtout sa première amitié dans cette maison. Il avait connu la mère, madame de Soyecourt, et, peut-être, de ce côté était-il allé jusqu'à l'amour. En plus d'un endroit, il parle d'une personne aimée dont la fortune est évidemment au-dessus de la sienne, car elle peut rendre « d'importants services[1]; » elle peut donner, et alors, « quelque désintéressement que l'on ait, il faut avoir la générosité de recevoir[2]. » N'est-ce pas à madame de Soyecourt qu'il pense lorsqu'il parle ainsi ?

Elle avait sur lui l'autorité d'un rang supérieur et celle d'un peu plus d'âge[3], ce qui n'exclut pas l'amour et permet de protéger en aimant. Ne fut-ce pas son rôle près de La Bruyère ? Ce qu'on vient de lire se trouverait ainsi expliqué. Madame de Soyecourt était d'une famille de robe, étant fille du président de Maisons; sa naissance ne l'avait donc pas fort élevée au-dessus de celle de La

---

[1] T. I, p. 410.
[2] Id., p. 213.
[3] Mariée en 1656, elle devait avoir cinq ou six ans de plus que La Bruyère.

Bruyère. Son mariage avec le marquis Maximilien de Soyecourt, le *grand veneur*, l'avait seul mise un peu plus haut; mais sans qu'elle cherchât à monter davantage. Ayant, en effet, à marier ses deux filles, elle donna l'aînée à Boisfranc, qui était de robe, comme elle l'avait été [1]; et la seconde à un petit marquis de Bretagne, M. de La Chesnelaye.

Modeste en alliances, au point de faire crier les renchéries, comme madame de Sévigné [2], elle avait pu l'être aussi en amour, et par conséquent ne pas croire s'abaisser en aimant un homme tel que La Bruyère.

En 1679, lorsqu'elle fut devenue, par son veuvage [3], libre de ses affections, il était depuis quelques années attaché à la maison de Condé; ayant gagné par là une considération dont nous avons vu le reflet dans la lettre de Gregorio Leti [4], et qui avait pu mettre bien des fiertés à son niveau.

[1] Le second président de Maisons, qui mourut à quatre-vingts ans, le 10 avril 1705, était son frère, et le troisième, dont il sera parlé tout à l'heure, p. 517-518, était son neveu.

[2] V. sa *lettre* du 12 juillet 1690.

[3] Son mari, Maximilien de Belleforière, marquis de Soyecourt, grand veneur, mourut le 12 juin 1679.

[4] V. plus haut, p. 32. Leti, dans la suscription de

Chargé de l'éducation d'un prince, des relations s'étaient ouvertes pour lui, plus ou moins intimes, dans la famille, dont les fils y avaient part de plus ou moins près. Or, un de ceux de madame de Soyecourt, le plus jeune des deux, Adolphe[1], nous semble avoir été

sa lettre, écrite dix ans avant les *Caractères*, le nomme déjà *illustrissimo*. Santeul le traitait de même. Dans un double distique, où il l'appelle *Brossus*, parce que *brosse*, en langue forestière, était synonyme de *bruyère*, et qu'il lui envoie avec un livre commencé et fini sur son conseil, il ne le qualifie pas moins que des épithètes de célèbre et d'illustre. Voici ces vers, qui confirment d'ailleurs ce que nous avons dit plus haut, p. 238, des conseils littéraires donnés par La Bruyère à Santeul. C'est l'infatigable obligeance de notre ami Paul Lacroix qui les a retrouvés pour nous dans la 3e édition des *Œuvres* de Santeul, 1729, in-12, t. III, p. 72.

AD BROSSUM VIRUM
CLARUM ET INSIGNEM.
CCXXXV.

Te suadente, liber tandem qui prodit in auras,
Per te, Brosse, etiam clauditur ille liber.
Si mihi fas esset te totum exponere versu,
Alter prodiret, te renuente, liber.

[1] Ce nom d'*Adolphe* est du genre de ceux dont il a condamné la mode, p. 277-278. N'avait-il pas critiqué de même celui de *Diane*, bien qu'une de ses grand'mères l'eût porté.

admis alors près de M. le Duc, sous les yeux de La Bruyère, comme camarade de jeux et compagnon d'étude. Au carrousel de 1685, le premier où figure M. le Duc, bien novice encore, puisque depuis trois mois à peine il apprend à manier un cheval[1], qui trouvons-nous dans son cortége? Le fils de la marquise, le chevalier de Soyecourt, ainsi qu'on l'appelait, cavalcadant en digne élève de Bernardi[2], et portant pour devise ces trois mots, sous une épée nue : *Micat et ferit*[3].

L'épée du chevalier de Soyecourt ne devait ni briller, ni frapper longtemps; cinq ans après, elle était brisée. Après avoir été quelque temps guidon aux gendarmes du Roi[4], il avait acheté, en mai 1690, de M. de La Trousse, la charge de capitaine lieutenant des gendarmes de Monseigneur[5], et, l'année suivante, il entrait en campagne, avec son

---

[1] *Mémoires* du marquis de Sourches, t. I, p. 129, 152.

[2] V. une excellente note de l'édit. G. Servois, t. I, p. 518.

[3] *Mémoires* du marquis de Sourches, t. I, p. 152.

[4] *Journal* de Dangeau, t. III, p. 119.

[5] *Id., ibid.*

frère aîné, colonel du régiment de Vermandois, à la suite de M. de Luxembourg.

Ce fut l'année de Fleurus, aussi glorieuse pour la France et pour le maréchal que funeste pour madame de Soyecourt. Ni l'un ni l'autre de ses fils ne lui revint de la bataille : le premier y fut tué sur le coup, et le second, blessé à mort, succomba deux jours après [1].

Il y eut bien des regrets autour d'elle, bien des pleurs mêlés aux siens [2]; mais de toutes ces douleurs qui se joignaient, comme consolations, à celle de la malheureuse mère, la plus éloquente fut celle de La Bruyère. Il avait déjà maudit la guerre [3]; quelle plus triste occasion de la maudire encore ! son cœur ne la laissa pas échapper. Peu de mois après on lisait, dans sa sixième édition, au milieu de ses premières plaintes contre la guerre, ses nouveaux regrets pour celui qu'elle venait de briser dans la fleur d'une jeunesse vaillante et vertueuse : amoureux de l'honneur, ignorant du vice et de ses désordres, digne enfin d'être pour la cour de Chantilly, où il avait trop rapidement

---
[1] *Journal* de Dangeau, 5 juillet 1690.
[2] *Lettre* de madame de Sévigné, 12 juillet 1690.
[3] T. II, p. 4-5.

passé, un exemple qu'elle ne retrouva peut-être plus[1].

[1] L'éloge du jeune Soyecourt, de ses vertus, surtout de sa *pudeur*, allait droit, comme contraste, et partant comme critique, à M. le Duc, dont les mœurs avaient de bonne heure été détestables : dès 1687, on lui reprochait de voir très-mauvaise compagnie. (Dangeau, t. II, p. 55.) — On sait où cette mauvaise compagnie menait alors les jeunes gens. Ils tombaient vite dans ce vice infâme auquel La Bruyère fait si clairement allusion quand il dit (t. II, p. 322) : « Ils se trouvent affranchis de la passion des femmes dans un âge où l'on commence ailleurs à la sentir; ils leur préfèrent des repas, des viandes et des *amours ridicules.* » Ici il n'ose dire le mot même. Le roi était très-rigoureux sur ce point-là; aussi La Bruyère le félicite-t-il (t. II, p. 25) « de savoir punir sévèrement des vices scandaleux. » Un peu auparavant (t. I, p. 309), il avait en trois noms, *Rousseau*, *Fabry*, *La Couture*, personnifié les trois vices en vogue : par le cabaretier *Rousseau*, la fréquentation du cabaret; par *Fabry*, les amours infâmes; par *La Couture*, la faveur des bouffons. (V. plus haut, p. 85-86.) — La passion pour les comédiennes allait de pair avec celles-là. La Bruyère ne l'a pas non plus oubliée. « Leur goût, dit-il (t. II, p. 9), en ayant l'air de ne parler que des Romains, n'alloit qu'à faire voir qu'ils aimoient, non pas une belle personne, ou une excellente comédienne, mais une comédienne. » Il ne regardait pas à Rome, mais à Paris, où La Fare, avec l'une des Moreau de l'Opéra, et le grand Prieur avec l'autre, fai-

« On l'a toujours vue, dit-il d'abord de la guerre[1], remplir le monde de veuves et d'orphelins, épuiser les familles d'héritiers, faire périr les frères dans une même bataille.

« Jeune SOYECOURT, ajoute-t-il aussitôt, je regrette ta pudeur, ta vertu, ton esprit déjà mûr, pénétrant, élevé, sociable ; je plains cette mort prématurée, qui te joint à ton intrépide frère et t'enlève à une cour où tu n'as fait que te montrer : malheur déplorable, mais ordinaire. »

Que de choses dans la brièveté touchante de ces regrets, dans cette invocation jetée par le cœur au milieu de cette œuvre presque toute de satire, et dont l'émotion tranche sur le reste, comme les larmes de Molière pour le jeune Le Vayer font doucement contraste avec le rire de ses comédies.

C'est au père que Molière s'est adressé dans la lettre et dans le sonnet qui sont l'écho de

---

saient scandale. (V. Desnoiresterres, les *Cours galantes*, t. I, p. 204, 276, 282.) « La débauche des jeunes gens, lit-on encore dans les *Annales de la Cour et de Paris*, pour 1697-1698, t. I, p. 47, avoit mis plusieurs femmes en règne, et entre autres les comédiennes et les femmes de l'Opéra. »

[1] T. II, p. 4-5.

sa plainte; La Bruyère, lui, pense à la mère, à madame de Soyecourt, mais il ne la nomme pas. Il ne dit pas même un mot, bien naturel pourtant en cette triste circonstance, pour faire souvenir d'elle. Est-ce oubli? C'est plutôt discrétion et réserve, mêlées d'un peu de crainte. Il sait qu'on jase par le monde, que son nom, prononcé par lui, même à propos de ce grand deuil, pourrait faire sourire : il a préféré le taire.

Dans la lettre où Boileau parle à Racine de la visite que La Bruyère lui fit à Auteuil[1], une énigme est restée à éclaircir, bien courte, car elle tient en un mot, mais d'autant plus difficile à deviner : au lieu de l'appeler par son nom, Boileau lui donne celui de *Maximilien*. Pourquoi? a-t-on demandé, et personne n'a répondu. Quant à moi, je me suis souvenu que ce nom de *Maximilien* était celui du mari dont madame de Soyecourt était veuve, et je n'ai pu m'empêcher de croire que Boileau, en le donnant à La Bruyère, pensait peut-être à l'époux qu'il remplaçait, et dont, ayant déjà la place, il pouvait bien, par surcroît, prendre aussi le

---

[1] *Lettre* à Racine, du 10 mai 1687.

nom. C'est une malice qui ne serait pas invraisemblable de la part d'un malin comme Boileau s'adressant à Racine, si bon entendeur, en pareil cas surtout, et parlant de La Bruyère, le grand maître des allusions et des noms supposés [1].

XL

Quelles qu'aient été les relations de La Bruyère et de madame de Soyecourt, il est au moins certain que son intimité fut grande en cette maison, et que l'historien de l'Oratoire n'a pas exagéré lorsqu'il a dit que la fille de madame de Soyecourt, qui avait pris le titre de marquise de Belleforière après la mort de ses deux frères à Fleurus [2], pourrait mieux que personne le faire connaître. Entre

---

[1] Cette hypothèse, déjà émise par nous, dans nos premières notes sur La Bruyère (*Revue française*, 20 janvier 1857), a été complétement acceptée par M. P. Chéron dans sa belle édition des *Œuvres de Boileau*, p. 327.

[2] C'est le nom qu'on lui donna partout, pendant que l'on appelait sa mère madame de Soyecourt, pour les distinguer. Madame de Sévigné, pourtant, la nomme quelquefois madame de Boisfranc.

eux, en ce cas, il n'y aurait eu qu'échange d'études. Si La Bruyère, en se laissant étudier par la marquise, lui avait beaucoup appris, il n'avait pas moins gagné lui-même en fréquentant sa maison. La marquise touchait à deux mondes, où il avait également à prendre. Par elle-même, elle était de la meilleure noblesse, et ainsi de la Cour; par son mari, M. de Boisfranc, dont le nom roturier ne fut guère accolé au sien, elle était de robe, c'est-à-dire de la ville, et rentrait par un coin dans le monde d'où était sortie sa mère, fille du président de Maisons. Il y avait donc un peu de tout dans son état, même de la finance, car son beau-père dirigeait celles de Monsieur, et même assez mal, ce qui lui eût attiré de fâcheuses affaires sans l'influence du marquis de Gesvres, dont il avait eu l'adresse de faire son gendre [1].

La Bruyère, qui connut sans nul doute ces malversations suivies de menaces de disgrâce, ne paraît pas y avoir fait allusion. Nulle part on n'a retrouvé, dans son livre, la moindre attaque contre le vieux Boisfranc; aucune *clé* ne le nomme.

---

[1] Saint-Simon, t. II, p. 359.

Étant son ami, aussi bien que celui de sa bru, madame de Belleforière, il eut pour lui la générosité du plus discret silence. Il lui pardonna sans doute aussi à cause de son esprit, assez réel pour qu'il l'admît aux confidences du sien et le crût digne d'entrer avec lui en échange d'idées [1].

Sa discrétion se remarque en d'autres points, où il aurait pu se prendre, comme ici, aux Boisfranc et à leurs alliances. Celle de mademoiselle de Soyecourt avec Boisfranc le fils avait fait beaucoup jaser. « C'est une belle chose, avait dit à ce propos madame de Sévigné [2], parlant de madame de Soyecourt; c'est une belle chose de ne chercher que le bien et de se défaire bien vite de ses filles. » La Bruyère, qui pour d'autres n'eût pas été indulgent, le fut cette fois, par amitié. Il a lancé quelques mots à peine sur les mésalliances, et si discrètement encore qu'on ne put y reconnaître personne [3].

---

[1] V. plus haut, p. 112-113, note.
[2] *Lettre* du 12 juillet 1690.
[3] Sa malice la plus vive sur ce point se trouve dans le portrait de *Ménalque*-Brancas (t. II, p. 36). « Il a pris aussi, dit-il de Ménalque, la résolution de marier son fils à la fille d'un homme d'affaires, et il ne

Elles n'avaient pas manqué de ce côté : pendant que madame de Soyecourt mettait presque sa fille en roture par son mariage avec le fils de Boisfranc, le marquis de Gesvres, en épousant la sœur de celui-ci, ne se mésalliait pas moins [1].

laisse pas de dire de temps en temps que les Ménalque ne se sont jamais mésalliés. » C'est la plus belle distraction de Brancas, qui prête ainsi au fils qu'il n'avait pas ce qu'il avait fait lui-même, en épousant Suzanne Garnier, fille d'un homme d'affaires. La *clé* ms. qui se trouve en marge d'un exemplaire de la 7ᵉ édition, possédé par la Bibliothèque impériale, donne seule l'explication de ce passage. Garnier, beau-père de M. de Brancas, avait été trésorier des parties casuelles sous Mazarin, et n'avait pas laissé moins d'un million à chacun des ses huit enfants. V., sur lui, *Annales de la Cour et de Paris* pour 1697-1698, t. I, p. 222. C'est un de ses fils, seigneur de Montereau, qui, suivant la *clé* de l'Arsenal, aurait posé pour *Narcisse*, le voluptueux de La Bruyère : « Narcisse se lève le matin pour se coucher le soir, etc. » (T. I, p. 237.)

[1] Saint-Simon, t. II, p. 359 — Le vieux Boisfranc, qui était homme d'argent, n'avait fait qu'à contrecœur ces mariages de noblesse. Celui de son fils avec mademoiselle de Belleforière lui avait surtout déplu; mais, par la mort des deux frères à Fleurus, tout changea. Madame de Boisfranc, ainsi que le remarque la *Clé* de l'Arsenal, se trouva tout d'un coup devenue

La Bruyère n'y fit pas davantage attention. Une seule chose le frappa pour le marquis, sans qu'il pût s'en taire, c'est la dureté avec laquelle il était traité par le duc son père, qui « le haïssoit, le ruinoit, » et eût fini par le déshériter si, chose bien rare, la jeune belle-mère qu'il lui avait donnée pour le faire enrager ne fût intervenue en sa faveur et ne les eût définitivement réconciliés[1]. La Bruyère ne les avait connus que brouillés, et sachant de qui venaient les torts, il avait dit, montrant presque du doigt l'inflexible duc : « Il y a d'étranges pères, et dont toute la vie ne semble occupée qu'à préparer à leurs enfants

une très-riche héritière. Plus tard, en 1732, ce fut encore mieux : le fils unique de son cousin, M. de Maisons, étant mort à dix-huit mois, un an après son père, toute la fortune revint à madame de Boisfranc-Belleforière, qui put ainsi laisser à sa mort, le 25 avril 1739, un héritage immense, dont le château de Maisons n'était pas la moins belle part, à sa fille, madame de Lugny, et aux enfants de son fils, M. de Soyecourt. V. Saint-Simon, t. VIII, p. 25, les *Mémoires* du duc de Luynes, t. II, p. 420, et le curieux livre d'Henri Nicolle, le *Château de Maisons*, 1858, in-8°, p. 105-106.

[1] Saint-Simon, t. II, p. 429.

des raisons de se consoler de leur mort [1]. »

Ce fut son seul mot, et bien discret, dans ce coin de la parenté de madame de Belleforière. Une autre partie prêta davantage. La marquise tenait, par sa mère, à la famille du président de Maisons, une des plus anciennes de la robe [2]. Le président n'était pas moins que son oncle, et je crois impossible que La Bruyère, la connaissant, ne le connût pas un peu lui-même. Son fils, d'ailleurs, cousin de la marquise, s'était trop rapproché du prince de Conti et de M. le Duc [3], dont il avait à peu près l'âge, pour qu'il ne le vît pas de très-près et ne l'étudiât pas de même. L'étude en valait la peine : elle était curieuse et pouvait être utile.

Le fils du président avait donné de bonne heure dans l'un des travers que La Bruyère avait le mieux en haine et qu'il redoutait le plus, comme une contagion dont pouvait se gâter tout le reste : c'était un *esprit fort* [4],

---

[1] T. II, p. 40. V., sur les brouilles du marquis et du duc de Gesvres, les *Mémoires* du marquis de Sourches, t. II, p. 209.

[2] *Mémoires* du marquis de Sourches, t. II, p. 48.
[3] Saint-Simon, t. VII, p. 76.
[4] *Id.*, t. VIII, p. 24.

se vantant de l'être, s'y acharnant, sans convenir de ce qu'a dit La Bruyère : « Les esprits forts savent-ils qu'on les appelle ainsi par ironie[1] ? »

Comme son influence et celle de ses pareils pouvait être mauvaise pour l'esprit de M. le Duc, dont ils tendaient à s'emparer, il fit tout pour en détourner l'effet. Son chapitre des *Esprits forts*, où M. le Duc est si souvent pris à partie, sous le nom de *Lucile,* vient de là. On y sent à chaque page le maître d'histoire passant professeur de philosophie, mais à la façon de Descartes, dont ce chapitre est tout rempli et comme pénétré[2], c'est-à-dire sans exclure jamais la religion de sa doctrine.

Le nom de philosophe ne l'effrayait pas : « Il n'y a, disait-il, personne au monde qui ne dût avoir une forte teinture de philosophie ; » mais il se hâtait d'ajouter en note[3] : « L'on ne peut plus entendre que celle qui est dépendante de la religion chrétienne. » C'est sincèrement, c'est de cœur, comme toujours, qu'il parlait ainsi. Pieux sans parade, comme il était mondain sans bruit, on

---

[1] T. II, p. 211.
[2] V. plus haut, p. 45-46.
[3] T. II, p. 78.

avait quelque peine à dégager de lui, sous les apparences dont il masquait sa gravité, et que l'ironie ne rendait guère plus pénétrable, l'homme vraiment religieux; mais le voyait-on de plus près, on était bientôt convaincu de la solidité de sa foi [1].

Son livre en fut le reflet : « Partout, dit en son *Discours* l'abbé de Fleury, pour qui les souvenirs de l'ami rendaient si facile et si douce la tâche de successeur, partout y règne une haine implacable du vice et un amour déclaré de la vertu; enfin, ajoute-t-il, indiquant le chapitre même dont nous parlons, et qui est le dernier, ce qui couronne l'ouvrage, et dont nous, qui avons vu l'auteur de plus près, pouvons rendre un témoignage certain, on y voit une religion sincère; » dernier mot, qui doit être d'une grande vérité. La Bruyère a trop énergiquement flétri le vice de l'hypocrisie pour n'avoir pas eu la vertu contraire. Il pensait là-dessus comme Bacon, dont on citait alors la belle parole : « Les hypocrites sont les grands athées [2]. »

[1] « Il lui restait, comme à Rousseau, l'amour de son art, et de plus qu'à Rousseau, l'amour de sa religion. » H. Taine, *Nouv. Essais de critique*, p. 55.

[2] Saint-Évremond, *Œuvres*, t. IV, p. 109. — La Bruyère devait avoir lu Bacon, et dans l'original

Les germes de piété étaient en lui de naissance ; ils avaient fructifié par l'éducation, et rien n'avait manqué pour qu'ils pussent s'étendre encore après. Bossuet et son long commerce avec La Bruyère furent, pour cela, d'une très-féconde influence. Tout indépendant qu'il fût, La Bruyère subit un joug, celui de l'évêque de Meaux, mais sans en paraître esclave, car ce joug s'imposait plus doucement qu'on ne croit, ni sans accepter non plus tout ce dont le grand évêque s'était fait une règle. Après l'avoir agréé parmi ses familiers et ses plus chers protégés, malgré son origine ligueuse, qui n'avait pas été sans lui répugner un peu [1],

même, car il savait, je crois, l'anglais. (V. plus haut, p. 34.) Il avait dû aussi étudier l'allemand, sans lequel, à cause des guerres d'outre-Rhin, une éducation comme celle dont il avait été chargé, était alors incomplète. V. Rousset, *Hist. de Louvois*, t. III, p. 368.—Les étrangers lui rendirent la pareille : son livre, en 1696, était traduit en autant de langues qu'il avait d'éditions ; or, on était alors à la neuvième. *Sentiments critiques*, p. 83.

[1] On sait la haine de Bossuet pour les ligueurs (*hispanico auro corrupti*), qui se faisaient de la religion un prétexte d'ambition (*religionis obtento studio*), et dont les folies furieuses lui inspiraient ces paroles de

Bossuet avait eu plus d'une concession à lui faire.

La Bruyère, qui avait passé par l'Oratoire, en avait rapporté quelques-unes de ces idées de progrès, presque de révolution, dont ne s'accommodaient pas toujours les principes plus immuables du prélat. « Il y a, on l'a dit avec raison [1], entre la constitution de l'Oratoire et le caractère des temps nouveaux, une sorte d'affinité providentielle. » La Bruyère le comprit ; il resta ferme dans la voie où son éducation l'avait ainsi engagé pour le faire marcher plus vite qu'il n'était ordinaire en son temps, vers les espérances que notre époque réalise : « Quelles découvertes ne fera-t-on point, a-t-il dit, quelles différentes révolutions ne doivent pas arriver sur la surface de la terre, dans les États et dans les empires ! quelle ignorance est la nôtre, et quelle légère expérience que celle de sept ou huit mille ans [2] ! »

mépris : « *Hæc febricitantium deliria contemnamus.* » *Defens. cleri Gallicani*, lib. III, ch. xxviii.

[1] Ad. Perraud, *l'Oratoire de France*, 1866, in-8°, p. 375.

[2] T. II, p. 126-127.—M. Sainte-Beuve, *Causeries du lundi*, t. XV, p. 254, dit fort justement que La

Pour tout ce qu'il pressentait, et dont la science de l'avenir lui semblait être l'espoir, il eut les curiosités, les ardeurs d'étude de l'amateur le plus impatient et le plus éclairé. Il fit de la chimie avec Lémery, dans son laboratoire de l'hôtel de Condé [1]; de l'astronomie avec Cassini, qu'il a nommé dans son livre, pour le remercier [2]; peut-être aussi de la mécanique avec le P. Lamy, à l'Oratoire, tout en causant de leur ami Descartes [3]. Comme Bernier, qu'il voyait chez Racine [4], il eût voulu faire des voyages lointains. Mais, en tout cela, l'idée principale, l'idée de religion allait toujours devant, prête à l'arrêter s'il s'égarait dans les voies où il ne pourrait plus l'avoir pour guide. S'il craignait les nouveautés philosophiques, « c'est qu'il faut, il l'a

Bruyère est ici d'accord avec l'abbé de Saint-Pierre, mais que l'avantage est pour celui-ci, qui fit une proposition fondamentale de ce qui, pour La Bruyère, était seulement à l'état de vue.

[1] V. plus haut, p. 66.
[2] T. I, p. 318.
[3] V., sur le Cartésianisme du P. Lamy, Ad. Perraud, *l'Oratoire de France*, p. 288.
[4] *Mémoires* de L. Racine, à la suite de la *Notice* de M. Mesnard, dans l'édition des *Œuvres*, Hachette, 1866, in-8°, t. I, p. 302.

dit [1], à mesure que l'on acquiert d'ouverture dans une nouvelle métaphysique, perdre un peu de sa religion ; » et de même, si les longs voyages lui faisaient peur, c'est que, par l'exemple de Bernier, il avait vu qu'on peut s'y corrompre [2] et perdre, en regardant tant de religions, le peu qu'on a de la sienne : « Ils ressemblent, a-t-il dit de ces voyageurs revenus athées pour avoir vu trop de croyances, à ceux qui entrent dans les magasins, indéterminés sur le choix des étoffes qu'ils veulent acheter : le grand nombre de celles qu'on leur montre les rend plus indifférents; elles ont chacune leur agrément et leur bienséance ; ils ne se fixent point, ils partent sans emplette [3]. »

Il s'était, lui, fixé d'enfance à la religion paternelle, et il s'y tenait, impassible, contre les ébranlements philosophiques, donnant cette solidité pour base à toutes les mobilités de son esprit.

Bossuet lui en tint grand compte. C'est de là que vint surtout sa grande estime. A cause

[1] T. II, p. 214.
[2] V., sur les doutes de Bernier dans sa vieillesse, Saint-Évremond, *Œuvres*, t. IV, p. 299.
[3] T. II, p. 212.

de cette intrépidité dans la foi, il lui passa, comme à Racine, l'admiration des anciens, qu'il ne pouvait admettre pour lui-même, avec celle des livres sacrés [1]. Bien plus, il lui pardonna, ce qui contrariait davantage une de ses plus intolérantes convictions, la défense qu'il prenait de la comédie, en bon voisin qui veille sur le domaine attenant au sien. Bossuet, sur ce point-là, ne comprenait aucune indulgence, tandis que La Bruyère, tout au rebours, ne pouvait comprendre qu'on n'en eût pas : « Il me semble, disait-il [2], qu'il faudroit ou fermer le théâtre, ou prononcer moins sévèrement sur l'état des comédiens. »

Auparavant, heurtant de front une des *Pensées* de Pascal, qui ne voyait que du péril au théâtre [3], il avait déclaré bien haut que le

[1] V. plus haut, p. 319.
[2] T. II, p. 169.
[3] « Tous les grands divertissements, dit Pascal, sont dangereux pour la vie chrétienne, etc. » *Pensées*, édition Havet, p. 339. Ce passage n'est pas dans les anciennes éditions des *Pensées*, mais La Bruyère avait pu le connaître par le manuscrit, dont la revision et la mise en ordre étaient dues à des personnes qu'il voyait souvent, telles que Tréville. Sainte-Beuve, *Histoire de Port-Royal*, t. III, p. 303.

danger n'était pas dans la comédie, mais dans la manière dont elle est faite, et qu'aussi bien que le roman elle pourrait, en s'élevant davantage, ne plus être nuisible et devenir profitable [1].

Ferme sur toutes ses idées, ne se départant jamais d'aucune, il savait, après avoir ainsi défendu le théâtre, combattre encore plus vaillamment pour Bossuet, qui l'avait attaqué; et montrer ainsi, par cette variété de convictions toutes solides en leur diversité, qu'il n'existait d'autre parti-pris pour son indépendance que celui de la sincérité.

En maint endroit de son livre, il rend des hommages indirects à Bossuet, par les inspirations qu'il tire de lui [2]; mais le plus saillant, et tout d'abord le plus remarqué, est

---

[1] T. I, p. 152.

[2] C'est ainsi qu'après cette parole de Bossuet, dans son *Sermon contre l'ambition :* « A quel usage peut-on mettre cet homme si droit, qui ne parle que de son devoir ? » Il dit lui-même (t. I, p. 314): « Que voulez-vous quelquefois que l'on fasse d'un homme de bien ? » Le passage sur la Cour, où les joies visibles se mêlent « aux chagrins cachés, » est aussi imité de celui-ci, de l'*Oraison funèbre* d'Anne de Gonzague : « La cour veut toujours unir les plaisirs avec les affaires... »

celui où, presque en le nommant, il le vengea d'une injustice.

Le pape n'admirait qu'avec peu de sympathie l'évêque de Meaux. A cause de ses ferveurs gallicanes, il l'avait plus en crainte qu'en amitié. On le voyait nommer des cardinaux tout à l'entour de Bossuet, sans qu'il parût même songer à lui. Les grâces passaient près du plus digne pour aller à d'autres, tels que l'évêque de Grenoble, Le Camus, dont la nomination au cardinalat fit tant crier à Versailles [1]. Enfin, en 1688, on put croire pourtant que le tour de M. de Meaux était arrivé. Son livre des *Variations* venait de paraître, et l'on pensait que la récompense tant différée ne pourrait plus l'être, après cette triomphante protestation du prélat contre les adversaires du catholicisme. Il n'arriva rien de Rome. Pour Bossuet, le catholique n'avait pas fait pardonner le gallican. Beaucoup n'y voulurent pas croire : « J'ai lu, écrivit par exemple La Monnoye [2], j'ai lu ces jours passés une partie du dernier ouvrage de M. de Meaux; j'en

---

[1] *Mémoires* du marquis de Sourches, t. II, p. 170-172; *Journal* de Dangeau, 8 novembre 1687.

[2] *Œuvres*, 1770, in-8°, t. II, p. 297.

suis charmé, et je ne sais pas à quoi songe le pape de ne pas envoyer le chapeau à ce prélat. Il s'est surpassé dans cette *Histoire des variations des protestants.* »

La Bruyère pensait de même ; mais, au lieu d'étonnement, c'est du dédain qu'il eut pour l'oubli singulier de la cour de Rome. Que pouvait ajouter une faveur de plus au magnifique triomphe de Bossuet ? C'était tout pour d'autres, ce n'eût rien été pour lui ; dans les conditions même où lui était fait ce déni de justice, il gagnait plus à ne pas avoir qu'à obtenir. « Quelques-uns, écrivit La Bruyère dans l'édition qui suivit [1], en songeant sans doute à la récente nomination de l'évêque Le Camus, qui était trop des amis de Benserade pour être des siens [2], quelques-uns, pour étendre leur renommée, entassent sur leurs personnes des pairies, des colliers d'ordre, des primaties, *la pourpre,* et ils auroient besoin d'une tiare ; mais, ajoute-t-il, avec le plus fier dédain, quel besoin a *Trophime* d'être cardinal ? »

---

[1] T. I, p. 169.
[2] Bruzen de la Martinière, *Nouveau portefeuille historique,* 1755, in-12, p. 39.

Afin que ces mots fussent à leur vraie place et bien en vue, il les mit au chapitre du *Mérite personnel.*

Tout le monde comprit, à ce point que, dans la dizième édition [1], Michallet ne crut pas être indiscret en substituant au nom de *Trophime* celui de *Bénigne,* qui était le prénom principal de Bossuet.

Au même endroit du même chapitre, La Bruyère, préludant à la pensée qui devait conclure, avait dit, avec son ironie habituelle : « Après le mérite personnel, il faut l'avouer, ce sont les éminentes dignités et les grands titres, dont les hommes tirent plus de distinction et plus d'éclat, et qui ne sait être un ÉRASME doit penser à être évêque. »

Ici, l'on aurait pu reconnaître un autre ami, plus intime parce qu'il était moins haut placé, l'abbé de Choisy, qui, en effet, avait le droit d'espérer alors un évêché et ne l'eut pas [2], sans doute parce qu'il y avait un peu trop de l'Érasme en lui, par sa nonchalance dans la foi et sa vivacité pour le reste.

[1] P. 63.
[2] Deux ans après, il avait encore l'espérance d'être évêque, et ne le fut pas. V. *Lettres* de madame de M... à Bussy, 2 mars 1691.

Fénelon, qui dans le même temps était en passe pour la même dignité, avec plus de droit, car tout l'en rendait digne : sa vertu sincère et la douce éloquence qui promettait en lui un si doux pasteur, ne l'obtint pas davantage. La Bruyère protesta encore. A la fin de son chapitre : *De la Chaire,* il ajouta, dans la cinquième édition, deux lignes où il demandait si « le plus beau talent du prédicateur, qui est de prêcher apostoliquement, » rendait indigne d'être évêque, et, plus hardi qu'à l'ordinaire, il nomma Fénelon en toutes lettres. On comprit sans vouloir entendre. Fénelon n'obtint le siége de Cambrai que cinq ans plus tard.

Il semble singulier, à première vue, que La Bruyère ait eu pour Bossuet et pour Fénelon une amitié pareille, et les ait défendus presque en même temps. Rien n'est plus simple. Fénelon et Bossuet furent longtemps dans la plus étroite et la plus intime communauté de pensées et de dogmes, l'un dirigeant, l'autre suivant. C'est à l'époque de cette amitié, dont rien ne laissait prévoir les troubles et la fin, que La Bruyère fut leur ami commun. Il mourut avant que le moindre nuage eût encore passé entre eux. L'affaire du

Quiétisme, en effet, ne se réveilla, pour s'envenimer, par l'intervention compromettante de Fénelon avec son livre de l'*Explication des maximes des saints sur la vie intérieure*, qu'en 1697, un an juste après la mort de La Bruyère. Victorin Fabre [1] s'est donc trompé lorsqu'il l'a félicité de sa discrétion pour le livre de Fénelon, qu'il aurait pu, dit-il, comprendre dans son attaque contre les ouvrages quiétistes : « C'est noblement avoir manqué, ajoute-t-il, une occasion de faire sa cour à l'évêque de Meaux. » Cette occasion ne lui avait pas été donnée. Il avait échappé à l'épreuve douloureuse qui l'eût contraint d'opter entre deux amis naguère défendus par lui, et d'attaquer l'un, cette fois, pour défendre l'autre.

Cette fâcheuse querelle amena un vrai déchirement. Il n'en coûta pas que l'amitié de Bossuet et de Fénelon, qui eût entraîné celle de La Bruyère dans sa ruine ; toute la société qui s'était groupée à Versailles autour de M. de Meaux, et dont Fénelon avait si longtemps été l'âme presque autant que lui, s'en

---

[1] *Éloge de La Bruyère*, à la suite de l'*Histoire de la littérature au XVIIIe siècle*. 1810, in-8°, p. 265.

trouva frappée à mort, et, par suite, se dispersa.

Cette société, toute théologique d'abord, et qui pour cela s'était donné le nom de *concile*[1], ou plus modestement de *petit concile*, qu'elle devait garder[2], avait tenu sa première séance à Saint-Germain, en 1673[3], dans un temps où La Bruyère était sans doute encore trop jeune pour en faire partie. Bossuet était l'hôte et le président du *concile*. Il lui donnait chez lui, une fois chaque semaine, le vivre et le couvert : à la suite d'une première discussion, l'on dînait, mais pour discuter encore. C'était l'important du repas, dont le reste était assez maigre. Bossuet, quoique déjà évêque de Condom et précepteur du Dauphin, ne menait pas grand train, surtout pour la cuisine; aussi, riait-on un peu dans le monde de la chère presque d'anachorète à laquelle il soumettait ses convives, MM. les *condomophages*, comme on les appelait[4].

Ce n'étaient que jeûnes et vigiles, mais

[1] Floquet, *Bossuet précepteur*, p. 438.
[2] *Id.*, p. 448.
[3] *Id.*, p. 428.
[4] *Longueruana*, p. 70.

qui n'effrayaient pas les invités; pas un ne s'en plaignait. Le charme de l'entretien que Bossuet dirigeait, et même égayait au besoin, faisait passer sur le reste : « Quel agrément, a dit l'abbé de Choisy, qui fut souvent de ces agapes[1], quel charme dans la conversation de M. de Meaux. Nous y apprenions toujours, en nous réjouissant sans cesse. » L'attrait du prélat n'était pas tout dans la parole, il y ajoutait celui, plus rare chez les éloquents parleurs, de savoir laisser parler à leur tour tous ceux qui l'avaient écouté, et de les bien écouter lui-même. On a sur ce point le témoignage de l'abbé Genest, dont l'un des meilleurs souvenirs était de s'être trouvé, comme il le dit[2], « dans l'école de M. de Meaux, » et d'avoir connu « son aimable et vive éloquence, qui charmoit dans les moindres entretiens. Il en augmentoit, dit-il, la douceur par l'attention qu'il donnoit aux autres. »

Ces deux abbés, familiers du *petit concile*, Genest et Choisy, comptaient, nous le sa-

---

[1] *Éloge de Bossuet*, par l'abbé de Choisy, 2 août 1704.
[2] *Principes de philosophie*, 1718, in-12, p. 9.

vons déjà, parmi les amis de La Bruyère. Tous ceux qu'on y voyait étaient de même, sauf une exception peut-être, dans les plus cordiales relations avec lui : c'étaient Fénelon, Pellisson [1], l'abbé Fleury, Caton de Court, si estimé alors, si peu connu aujourd'hui [2], et qui non-seulement était ami, mais parent de La Bruyère, dont son frère, le chef d'escadre, portait le nom [3]; puis le fameux comte

[1] La Bruyère cite Pellisson parmi les lettrés savants, en ayant soin de faire précéder son nom de celui de mademoiselle de Scudéry, dont il était, comme on sait, l'ami très-intime (t. II, p. 72). On avait longtemps plaisanté de sa laideur chez Pontchartrain. V. *Lettre de Phélypeaux à Valincourt*, du 5 juillet 1694. A ces railleries, La Bruyère devait répondre par ce passage de son livre, qui a trait certainement à Pellisson (t. II, p. 103) : « Un homme qui a beaucoup de mérite et d'esprit, et qui est connu pour tel, n'est pas laid. »

[2] « M. de Court, habile connaisseur en tous genres, » lit-on dans le *Ménagiana*, t. I, p. 227.

[3] Claude-Elisée de La Bruyère de Court, mort le 19 août 1752, à 88 ans. Son frère, Caton de Court, dont nous parlons ici, était mort à l'armée, au mois d'août 1694, des suites d'une blessure qu'un taureau lui avait faite, chez son frère, à Gournay. (*Catal. manuscrit* de l'abbé Goujet, t. III, p. 563.) Il était neveu de Saumaise. *Journal* de Dangeau 20 août 1694.

de Tréville [1], plus renommé que de Court, et maintenant tout aussi oublié [2].

Il était l'exception dont je viens de parler, c'est-à-dire le seul qui, dans cette société, ne resta pas l'ami de La Bruyère. Aujourd'hui dévot, demain philosophe et mondain, faisant dégénérer la vie « en haut et bas, en quartiers de relâchement et de régularité, » comme dit Saint-Simon [3], mais toujours stable, par exemple, dans un orgueil que la disgrâce adoucit à peine [4]; tranchant et hautain, dédaigneux de l'*esprit doux*[5] et n'allant dans les compagnies qu'à la condition d'y dominer, en imposant ses lumières [6]; enfin, toujours « entêté de son esprit et de son propre jugement, » ainsi que l'a dit Bourdaloue, en

---

[1] M. Floquet, *Bossuet précepteur*, p. 427, dit positivement que Tréville fut du *petit concile*, mais quelquefois seulement.

[2] « Que reste-t-il du célèbre Tréville ? » disait dernièrement M. Ch. Giraud, dans son excellente *notice* sur Saint-Évremond, p. 78.

[3] Saint-Simon, notes sur le *Journal* de Dangeau, 10 juin 1706.

[4] *Lettre* de madame de Scudéry à Bussy, 16 juin 1677.

[5] *Ibid.*

[6] *Lettre* de madame de Coulanges à madame de Sévigné, 16 mai 1695.

son sermon de la *Sévérité évangélique*, où tout le monde le reconnut, « car il n'y manquoit que le nom[1]; » M. de Tréville n'était pas homme à s'accorder longtemps avec La Bruyère. L'amour-propre de celui-ci, qu'il ne faut pas nier[2], devait se heurter vite

---

[1] *Lettre* de madame de Sévigné, 25 décembre 1691. Il s'agit du fameux passage : « *On* veut pratiquer le christianisme dans sa sévérité, mais *on* en veut avoir l'honneur. *On* se retire du monde, mais *on* est bien aise que tout le monde le sache... *On* ne se soucie plus de sa beauté, mais *on* est entêté de son esprit et de son propre jugement. » Cette forme de *on* était pour Bourdaloue une forme familière et favorite; aussi La Bruyère, voulant rendre à ce grand portraitiste de la prédication portrait pour portrait, en faisant le sien, eut-il soin d'employer sa formule préférée : « *On* écrit régulièrement, depuis *vingt années*, etc. » T. I, p. 158. Ce passage parut en 1689, dans la 4ᵉ édition. Il y avait juste *vingt ans* que Bourdaloue était arrivé à Paris, avec son premier écrit. Le *on* qu'il mit à la mode n'était pas de son invention ; c'est Turenne qui l'avait lancé le premier dans le monde : « Je pourrois, dit Saint-Évremond dans une de ses lettres (*Œuvres*, édition Ch. Giraud, t. III, p. 437), pousser ces *on*-là bien loin, mais je veux quitter cette espèce de tierce personne, introduite à la Cour par M. de Turenne, et entretenue après sa mort par ceux de sa maison. »

[2] On sent à tout instant qu'il connaît sa force. Avec ce sentiment-là, on n'est pas modeste, ou on ne l'est

contre le sien, et amener entre eux des dissentiments pour lesquels les causes ne manquaient pas d'ailleurs. Tréville, entre autres prétentions, avait celle d'un grand savoir en grec : il se vantait d'être, avec Bigot, le seul homme de son temps qui pût lire les Pères grecs dans leur langue [1], ce qui n'était pas fait pour plaire à La Bruyère, dont, sur la question de l'hellénisme, la susceptibilité était grande [2]. Mais cela n'est rien ; griefs plus graves : quoique fort bien, en apparence, avec Bossuet, et l'un des visiteurs du *concile*, M. de Tréville ne parlait pas

qu'avec orgueil, comme disait Voltaire : « Il ne se fâchoit pas, dit Brillon dans le *Théophraste moderne*, p. 176, qu'on l'appelât le *petit Théophraste*. » C'est qu'au fond il savait bien qu'il était supérieur au grand. Vauvenargues avait deviné cette nuance dans son caractère. Comparant La Bruyère à Fénelon, il avait fait remarquer « la vertu toujours tendre et naturelle du dernier, et *l'amour-propre qui se montre quelquefois dans l'autre*. » *Œuvres* de Vauvenargues, édit. Gilbert, p. 271-272.

[1] *Ménagiana*, t. III, p. 51.

[2] V. la *Lettre* à Ménage, publiée pour la première fois par M. Destailleur, et dont nous conseillons à M. G. Servois de revoir le texte d'après l'autographe que possède M. d'Hunolstein, s'il veut la reproduire exactement.

toujours du grand prélat, si respecté de La Bruyère, avec une parfaite déférence[1]; il avait aussi, en passant par l'Oratoire[2], pénétré dans l'esprit de Port-Royal plus avant que ne l'admettait La Bruyère, et ce n'est pas là qu'il aurait pu, on le comprend, devenir plus souple. Il était de la pieuse *coterie*[3]: associant, comme on s'en était fait une habitude de ce côté-là, surtout chez madame de Sablé, les méditations de l'apôtre avec la gourmandise de l'épicurien[4]; ne trouvant bons que les livres qu'on y admirait, et pour quelques-uns desquels on l'avait consulté; fort enthousiaste, par exemple, de l'*Histoire de Théodose*, par Fléchier, qu'il avait revue manuscrite, avec Nicole et Montausier, chez madame de Longueville[5]; engoué, par-des-

---

[1] Supplément aux *Mémoires* de Bussy, t. II, p. 22.

[2] Il y logeoit en 1667. V. les *Mémoires* de Brossette, à la suite de sa *Correspondance* avec Boileau, édition Aug. Laverdet, p. 545.

[3] C'est le mot même qu'emploie La Bruyère (t. I, p. 283), en le soulignant, comme étant d'usage bourgeois et suranné. V. Saint-Évremond, *Œuvres complètes*, t. I, p. 52.

[4] V. nos *Variétés historiques et littéraires*, t. X, p. 119, note.

[5] *Catalogue* manuscrit de l'abbé Goujet, t. V, p. 285.

sus tout, des *Pensées* de Pascal, dont il avait été un des reviseurs pour la publication[1], et, par suite, en même temps qu'il accordait à Fléchier sur Bossuet une préférence isolée et sans écho[2], n'admettant qu'avec dédain

---

[1] Sainte-Beuve, *Histoire de Port-Royal*, t. III, p. 303.

[2] La Bruyère préféra, moins que personne, Fléchier à Bossuet. Ce qu'il dit même (t. II, p. 204), de certaines oraisons funèbres, « bien reçues du plus grand nombre des auditeurs à mesure qu'elles s'éloignent du discours chrétien, ou, si vous l'aimez mieux, qu'elles s'approchent de plus près d'un éloge profane, » doit s'adresser à Fléchier, qui avait prononcé, au mois de juin 1690, l'oraison funèbre de la Dauphine et, au mois d'août de la même année, celle de Montausier. Le passage parut dans l'édition de l'année suivante, la sixième. Je m'étonne que La Bruyère n'ait pas donné ce mot, qui est de son temps : « Menteur comme une oraison funèbre. » (L'abbé de Lubert, *l'Esprit du siècle*, 1708, in-12, p. 181.) L'eût-il trouvé, l'eût-il seulement connu, il ne l'eût pas dit à cause de Bossuet; mais, pour Fléchier, il ne l'aurait pas manqué. C'est encore de lui qu'il a voulu parler, de l'aveu de son historien même, l'abbé Delacroix (*Hist. de Fléchier*, in-18, t. I, p. 121), dans ce passage (t. II, p. 200) : « C'est avoir de l'esprit que de plaire au peuple dans un sermon par un style fleuri. » Fléchier ne lui en garda pas rancune; lorsque, en tête de ses *Dialogues* en vers sur le *Quiétisme* (*Œuvres*,

tout ouvrage qui reprendrait la trace de celui de Pascal.

Le livre des *Caractères* ne devait, par conséquent, pas lui plaire. Il le dédaigna de haut, sans le lire. La Bruyère s'en vengea dans sa quatrième édition, par le portrait d'*Arsène*, où, sans qu'il fût possible de s'y méprendre, Tréville apparut au milieu de ses amis, avec tous ses dédains, et cette superbe qui donnait un si bel aplomb à la mobilité de ses fantaisies de religion et de philosophie : « Il se donne à peine le loisir de prononcer quelque oracle ; élevé par son caractère au-dessus des jugements humains, il abandonne aux âmes communes le mérite d'une vie suivie et uniforme, et il n'est responsable de ses inconstances qu'à ce cercle d'amis qui les idolâtrent. Eux seuls savent juger, savent penser, savent écrire, doivent écrire ; il n'y a point d'autre ouvrage d'esprit, si bien reçu dans le monde, et si universellement goûté des honnêtes gens, je ne dis pas qu'il veuille approuver, mais qu'il daigne

---

t. IX, p. 210), il parle « des plus éloquentes plumes du siècle » qui ont traité le même sujet en prose, il pense certainement aux *Dialogues* de La Bruyère et à celui de Saint-Évremond (*Œuvres*, t. V, p. 270).

lire : incapable d'être corrigé par cette peinture, qu'il ne lira pas [1]. »

XLI

Dans ce portrait d'*Arsène*, La Bruyère vient d'attaquer toute une société littéraire ; or, on n'attaque jamais un parti, si l'on n'est pas soi-même un peu d'un autre. La Bruyère était donc, lui aussi, d'une coterie, ne craignons pas de le dire, à laquelle rien ne manquait : ni l'exclusivisme des systèmes, ni le parti-pris des admirations mutuelles, ni surtout les adversaires. Elle était née du *petit concile* même, lorsqu'il s'était rapproché de la Cour, en quittant Saint-Germain pour Versailles, où il ne prit fin qu'en 1697, par le déchaînement qui suivit le réveil du *Quiétisme*[2].

---

[1] T. II, p. 138. — M. Sainte-Beuve a beaucoup insisté sur ce portrait de Tréville par La Bruyère, *Causeries du lundi*, t. IX, p. 228-238 ; *Hist. de Port-Royal*, t. IV, p. 474-478 : « On y sent, dit-il, quelque chose comme un auteur piqué qui se venge d'un dédain. »

[2] On a vu plus haut comment le livre de Fénelon,

C'était la section de littérature de cette société, d'abord toute théologique. On y voyait, comme au *petit concile*, des personnes d'Église, telles que Fénelon qui aimait à s'y distraire des matières religieuses en des entretiens sur l'*Éloquence*, dont ses *Dialogues* et sa *Lettre à l'Académie* ont reproduit les idées, partagées presque toutes par La Bruyère, avec qui sans doute il les avait d'abord échangées[1]. Mais c'était surtout la partie plus profane du *concile*, les *pères laïques*, ainsi qu'ils étaient appelés par Bossuet lui-même[2] : Racine, Boileau, de Court, Malezieu, La Bruyère, qui formaient le fond

---

Explication des maximes des saints sur la vie intérieure, brouilla tout en 1697. La Bruyère, s'il eût vécu, aurait certainement pris parti pour Bossuet contre Fénelon et madame Guyon. On devine sa contenance dans cette lutte par ce qu'il a dit contre le *Barnabite* (V. plus haut, p. 355, note). Ce *Barnabite*, en effet, n'était autre qu'un moine savoyard du couvent de Montargis, dont madame Guyon avait fait son confesseur et son confident. (*Annales de la Cour et de Paris*, t. I, p. 246.)

[1] V., dans l'excellente édition des *Caractères* par M. Hémardinguer, p. 10, 30, 399, 416, etc., quelques rapprochements entre les idées de La Bruyère sur l'éloquence et le style et celles de Fénelon.

[2] Floquet, *Bossuet précepteur*, p. 437.

de cette petite académie. Bossuet en suivait les travaux, mais sans les inspirer ni les diriger.

Voulant fuir des admirations un peu trop profanes pour qu'il lui fût possible d'y applaudir [1], il se tenait, en ces matières, un peu à l'écart, laissant d'ailleurs à ses amis toute liberté d'enthousiasme pour cette antiquité qu'il était trop pieux pour admirer autant.

A Paris, on faisait comme lui, mais par une tendance tout autre. Si l'on n'y fêtait pas, chez les beaux-esprits, l'antiquité classique avec autant de ferveur qu'à Versailles, c'était en haine de cette ferveur même, dont on ne voulait pas subir le joug; c'était aussi par une velléité de zèle pour le progrès, qui, demandant des idées nouvelles, commençait par accepter des génies nouveaux.

La querelle des Anciens et des Modernes n'est pas née autrement. Elle est sortie armée de cet antagonisme d'admirations opposées; de cette lutte de Versailles, toute à son vieux roi et aux dieux anciens, dont Boileau menait le culte; avec Paris, qui, se rajeunissant par

---

[1] V. plus haut, p. 319.

l'oubli même et les dédains de la vieille Cour, se cherchait, et au besoin se créait des divinités plus jeunes en dehors de l'Olympe officiel. Là, tout avait vieilli, comme Louis XIV; comme lui, ce qu'il avait admiré n'était plus qu'*antiquaille;* ici, tout voulait renaître, et l'on disait avec Fontenelle, l'un des meneurs du mouvement des Modernes :

Quels sont ces gens qui pour leur antiquaille
Font esclater un zèle si chagrin?
Sont-ce pédants nez au pays latin?
Non, ce sont gens soy-disant de Versailles.

Louis XIV n'avait jamais aimé Paris, comme on le vit trop par l'abandon où il le laissa, sans rien faire pendant de longues années pour son embellissement, ce dont s'étonnaient avec chagrin même ses admirateurs, tels que La Bruyère : « L'on entendra, dit-il, dans sa plus vive allusion sur ce délaissement de Paris par le roi [1], l'on entendra parler d'une capitale d'un grand royaume où il n'y avoit ni places publiques, ni bains, ni fontaines, ni amphithéâtres, ni galeries, ni portiques, ni promenoirs [2]. »

---

[1] T. I, p. 60, *Discours sur Théophraste.*
[2] Quatre-vingts ans plus tard, Voltaire écrivait à

Dans la dernière partie du règne, le dédain de la grande ville fut encore plus évident chez Louis XIV; plus que jamais il s'isola dans Versailles ou dans Marly, qui, étant ses œuvres, semblaient faire partie de son orgueil. Il en voulait à ceux qui ne partageaient pas cette préférence. Il y eut, par exemple, une vraie surprise à la Cour lorsque le comte de Toulouse, le duc d'Antin et la princesse de Conti, las d'être mal logés à Versailles [1],

l'architecte Guillaumot : « Je suis toujours fâché de voir le faubourg Saint-Germain sans aucune place publique : des rues si mal alignées, des marchés dans les rues, des maisons sans eau, et même des fontaines qui en manquent; et quelles fontaines de village! Mais, en récompense, les Cordeliers, les Capucins ont de très-grands emplacements. J'espère que dans cinq ou six cents ans tout cela sera changé. » (*Lettre* du 24 août 1768.) Voltaire demandait cinq ou six siècles, il n'en a fallu qu'un seul.

[1] Les plus grands seigneurs et les plus grandes dames avaient de fort petits appartements au château. On peut le voir par les plans si détaillés de Mansard, que M. Blanchard de Farges, arrière-petit-neveu de Le Nôtre, a donnés récemment à la Bibliothèque impériale. Saint-Simon n'avait qu'une chambre dans un entre-sol, et il y restait, quoiqu'il passât pour n'être pas courtisan. L'archevêque de Paris logeait dans les combles, avec l'espoir qu'on pren-

poussèrent l'audace jusqu'à s'acheter de beaux hôtels à Paris.

On s'attendait, pour eux, à une disgrâce, qui fût, en effet, venue, si le Roi n'eût été trop vieux alors pour avoir la force d'être sévère [1]. Il fut plus triste, et ce fut tout.

Déserter Versailles, c'était le quitter lui-même et l'avertir qu'il partirait bientôt. Aller à Paris, c'était courir vers un nouveau règne, et, chose plus grave encore pour lui, se jeter dans l'impiété des *Esprits forts*, dont il n'ignorait pas que la ville était devenue le foyer. Plus la Cour se faisait dévote, plus Paris se faisait irréligieux. Dans ces deux comédies jouées en haine l'une de l'autre, souvent les personnages ne changeaient pas : « On ne voit presque plus maintenant, écrivait la princesse Palatine, un seul jeune homme qui ne soit athée; mais, ce qu'il y a de plus drôle, c'est que le même

drait sa résignation pour de l'humilité. Si quelqu'un fut dupe, ce n'est pas La Bruyère : « Celui-ci, dit-il (t. II, p. 178), qui loge chez soi dans un palais avec deux appartements pour les deux saisons, vient loger au Louvre dans un entre-sol, n'en use pas ainsi par modestie. »

[1] Saint-Simon, t. VI, p. 408-409.

individu, qui fait l'athée à Paris, joue le dévot à la Cour[1]. »

Les agitateurs de ce mouvement contre la religion étaient ceux que nous connaissons déjà, pour les avoir vus se prendre à un autre culte, celui de l'antiquité. Ils trouvaient aussi devant eux les mêmes adversaires, dont, pour cette partie de la lutte, Bossuet reprenait la direction, mais sans succès, tant l'incroyance était déjà invétérée chez ces gens qui ne commençaient pourtant qu'à se faire philosophes.

Nous allons, cette fois encore, savoir par Fontenelle, coryphée du parti anticlassique et antireligieux, tout ce que les *Esprits forts* et les *Modernes* de Paris apportaient de résistance aux admirations et aux croyances qu'on voulait leur imposer de Versailles :

« La Cour, dit-il, rassembloit alors un assez grand nombre de gens illustres par l'esprit : MM. Racine, Despréaux, de La Bruyère, de Malezieu, de Court; M. de Meaux étoit à la tête. Ils formoient une espèce de société particulière, d'autant plus unie qu'elle étoit plus séparée de celle des illustres de Paris,

---

[1] Cité par M. Ch. Giraud, dans la *Notice* sur Saint-Évremond, p. CLXII.

qui ne prétendoient pas devoir reconnoître un tribunal supérieur, ni se soumettre aveuglément à ses jugements, quoique revêtus de ce nom si imposant de jugements de la Cour. Du moins avoient-ils une autorité souveraine à Versailles, et Paris même ne se croyoit pas toujours assez fort pour en appeler [1]. »

La Bruyère et Fontenelle, qui avaient des amis communs, tels que Bussy [2], les Pontchartrain, etc. [3], paraissent avoir été assez liés tout d'abord. Une lettre, par laquelle celui-là aurait remercié celui-ci de l'envoi de son livre sur les *Oracles*, ne laisserait sur ce point aucun doute, si elle n'était elle-même d'une authenticité un peu douteuse [4]. J'aime

---

[1] Fontenelle, *Éloge de Malezieu*, dans ses *Œuvres complètes*, 1771, in-8°, t. VI, p. 318.

[2] *Lettre* de mademoiselle Dupré à Bussy, 4 avril 1691, et la réponse de celui-ci cinq jours après.

[3] *Lettre* de Phélypeaux à Fontenelle, dans le *Bulletin historique*, t. I, p. 60-61, et des vers de Fontenelle à Phélypeaux, *Œuvres*, t. X, p. 399.

[4] Voici cette lettre dont nous avons déjà parlé, p. 200, 219, etc., telle qu'elle a été donnée en *fac-simile*, dans la *Galerie françoise*, t. I, p 361 :

Versailles, ce 11 décembre 1687.

J'ai été très-sensible à l'hommage de votre livre des Oracles. *Vous venés de* (vous) *montrer, Monsieur,*

mieux trouver la preuve de leur liaison dans les amitiés qu'ils partageaient et dans leurs hantises chez les mêmes personnes. Or, ils allaient l'un et l'autre chez le président de Maisons. Ce qui me l'assure pour La Bruyère, c'est la parenté très-proche du président avec madame de Belleforière [1]; et, pour Fontenelle, c'est l'état des esprits dans cette famille de libres penseurs, où il a trop vanté l'éducation donnée au petit-fils [2] pour ne l'avoir pas vue de près,

poëte, philosophe et écrivain du premier mérite. Je ne fais pas difficulté de croire qu'il ne vous attire les éloges mérités des gens de goût, l'estime des esprits supérieurs et l'accueil plus flatteur encore d'un public reconnoissant. J'aurois répondu plus tôt à l'obligeante lettre qui l'accompagnoit sans une paralisie au bras droit, que j'ai eue ces jours passés, qui me cause de grandes douleurs et qui me fait regretter de ne pouvoir vous écrire plus longtemps. Vous assurant, Monsieur, des vœux que je fais pour votre gloire, et de l'amitié avec laquelle je suis bien sincèrement
Votre affectionné serviteur,
La Bruyère.

Cette lettre passa dans une vente d'autographes, le 31 janvier 1864, sous le n° 69 du catalogue, mais fut retirée comme douteuse.

[1] V. plus haut, p. 516-517.
[2] Œuvres, t. VI, p. 519.

si même il ne l'a dirigée en personne [1]. Il va sans dire que, se rencontrant là avec La Bruyère, sur le terrain de la religion, ils durent se heurter, et que leur liaison ayant souffert du choc ne put être durable.

Dès sa première édition, La Bruyère mit au chapitre des *Esprits forts* certaines gens « d'un bel esprit et d'une agréable littérature, esclaves des grands, dont ils ont épousé le libertinage..... contre leurs propres lumières et contre leur conscience; » au nombre desquels il n'était pas malaisé de reconnaître Fontenelle chez M. de Maisons : simple atteinte, du reste, et si discrète qu'elle semble imperceptible, surtout comparée à celles qui suivirent, notamment la dernière.

Elle se fit attendre, sans doute à cause de l'ancienne liaison et des amitiés communes : mais le retard, comme on verra, ne fit qu'en aiguiser et recuire la violence.

---

[1] Il me semble, en effet, reconnaître Fontenelle dans le portrait que fait Saint-Simon (t. VIII, p. 24) du joli professeur d'incrédulité qui dirigea l'éducation du fils de M. de Maisons : « Homme d'agréable compagnie, qui se faisoit désirer dans la bonne, sage, mesuré, savant, de beaucoup d'esprit, très-corrompu en secret, etc. »

Les griefs s'accumulaient des deux parts. La Bruyère avait, en deux mots, dit le plus grand mal du *Mercure ;* Fontenelle, qui, par son oncle Thomas Corneille ainsi que par lui-même, avait de grands intérêts dans la réputation d'esprit de ce recueil, s'était vengé en rendant la pareille aux *Caractères,* soit en paroles, soit par écrit. Ce ne fut, pour La Bruyère, que piètres représailles de petites gens, esprits à la mode, c'est-à-dire pauvres esprits : « Si les beaux esprits, se contenta-t-il de dire ironiquement [1], n'approuvent pas mon ouvrage, il me suffit qu'il soit approuvé par les bons esprits et les gens de bon sens. » Cela dit, il attendit l'occasion d'un nouveau coup de pointe à Fontenelle.

Elle se présenta bientôt. Au mois de janvier 1689, Fontenelle fit jouer, avec une partition de Colasse, musicien que La Bruyère aimait peu [2], son opéra de *Thétis et Pélée,* qui n'alla pas aux nues. On regretta Lully, et plus encore Quinault, mort récemment [3].

---

[1] Vigneul-Marville, *Mélanges,* 1re édit., p. 354.
[2] V. plus haut, p. 95.
[3] Il était mort le 28 novembre 1688.

La Bruyère, qui écoutait, et dont la quatrième édition était justement sous presse, pour paraître le mois suivant, prit acte de ces regrets à l'adresse d'un poëte mort en discrédit, redevenu tout à coup excellent par le contraste d'un mauvais poëme. L'édition qui se préparait s'augmenta donc de cette malice à deux tranchants: « Celui qui prononceroit aujourd'hui que Q....., en un certain genre, est un mauvais poëte, parleroit presque aussi mal que s'il eût dit, il y a quelque temps : *il est bon poëte* [1]. »

Fontenelle avait fait le miracle avec sa chute [2].

---

[1] T. II, p. 90.

[2] Et Quinault un peu avec sa mort, comme cela arrive toujours. Ne laissant pas de successeur vraiment digne, on oublia, pour le regretter, les plaisanteries dont on avait abreuvé ses derniers jours : « Quinault est mort; après s'être moqué de lui pendant sa vie, on l'a regretté pour les opéras après sa mort. » C'est le marquis de Termes qui s'exprime ainsi, dans une *lettre* à Bussy, du 9 décembre 1688. On n'est pas étonné qu'il se soit rencontré avec La Bruyère pour la même idée : ils se voyaient souvent. L'un des premiers exemplaires des *Caractères* fut pour Termes, qui le fit tenir à Bussy, donnant ainsi à La Bruyère un lecteur et un admirateur de plus.

Ce qu'on put dire, pour s'en moquer, lui fut d'autant plus sensible que ses prétentions à l'Académie l'obligeaient alors aux succès forcés et éclatants. Dès 1688, à la mort du président de Mesmes, il s'était présenté, et tous ses amis s'étaient employés pour le faire réussir [1]; mais il avait suffi d'un mot de Monsieur, recommandant l'abbé Mauroy, aumônier de Mademoiselle [2]; et cet *hurluberlu* avait été préféré, sans titres, malgré ses distractions dignes de Brancas [3] et sa

---

« Termes avoit beaucoup d'esprit, et fort orné, » dit, t. III, p. 69, Saint-Simon, qui pourtant ne l'aimait guère. Pour un ouvrage, satisfaire Termes était un grand point, *omne tulit punctum*, comme on le voit par le vers 54 de l'épître XI de Boileau. On a donné, dans l'*Élite des Poésies fugitives*, 1769, in-12, t. III, p. 49, une épître de Boileau au marquis de Termes, qui, bien qu'on en doute à cause de sa platitude, pourrait bien être, en effet, de lui.

[1] Madame de Scudéry écrivit dans ce sens à Bussy. V. la *Correspond.* de celui-ci, édit. Lalanne, t. VI, p. 116. La *lettre* y porte la date du 1ᵉʳ décembre 1687, ce qui doit être une erreur, M. de Mesmes, dont on y demande la succession pour Fontenelle, n'étant mort que le 8 janvier suivant. V. le *Journal* de Dangeau à la date du 9.

[2] *Corresp. de Bussy*, t. VI, p. 116.

[3] Ce passage du portrait de Ménalque : « Il dit

proche parenté avec un homme dont tout le monde dénonçait la vie et les désordres [1].

Le rôle pris par Fontenelle dans la querelle des Anciens et des Modernes n'avait pas été sans lui faire tort à l'Académie [2]. Son impiété à l'égard d'Homère lui avait nui là presque autant que son incrédulité auprès des dévots : pour trois élections encore elle devait lui

Votre Révérence à un prince du sang, et *Votre Altesse* à un jésuite » (t. II, p. 37), est le souvenir d'une aventure du très-distrait abbé avec le P. La Chaise et Mademoiselle. Elle est racontée, ainsi que plusieurs autres de ses distractions, dans la *clé* ms. de l'Arsenal.

[1] C'est Mauroy, curé des Invalides, le même qui, suivant les *Clés*, aurait posé pour le portrait d'*Onuphre*. Sa banqueroute, qui avait suivi de près la mort de Louvois, son protecteur, fut un grand scandale. Il emporta quarante mille écus. « On a découvert, dit Dangeau, beaucoup d'histoires scandaleuses, et il y a même des dames de qualité mêlées dans cette affaire. » (*Journal*, 5 décembre 1691.) Mademoiselle de La Force fut parmi les plus compromises. V. le *Chansonnier* Maurepas, t. VII, p. 202. — On peut consulter encore, sur le curé Mauroy, les *Œuvres posthumes* de Senecé, p. 324, et les *Stromates* de Jamet, aux Mss. de la Bibliothèque, t. II, p. 1702.

[2] V. son *Éloge*, par Le Beau, dans les *Œuvres*, t. XI, p. xi.

être fatale[1]. La mort de Furetière, un peu moins de quatre mois après celle de M. de Mesmes, avait laissé vacant un nouveau fauteuil, que son titulaire, expulsé depuis quelques années, n'occupait plus, mais dont l'Académie n'avait pourtant pas cru devoir disposer avant sa mort. Fontenelle se hâta de se présenter, comme pour l'autre, avec tous les vœux des amis des Modernes, tels que Bussy[2], qui ne vint pas voter, mais qui le recommanda chaudement du fond de la Bourgogne[3]. C'est Jean de La Chapelle qui fut élu, d'abord parce qu'il était secrétaire des commandements de M. le prince de Conti, ensuite parce que son ouvrage, d'ailleurs assez plat, des *Amours de Catulle et de Tibulle*, avait témoigné d'un culte pour l'antiquité assez fervent, sinon délicat.

Quelques mois plus tard, — cette année 1688, funeste aux académiciens, était favorable aux candidats, — deux nouvelles succes-

---

[1] Le Beau dit positivement (*id., ibid.*) que Fontenelle se présenta quatre fois inutilement à l'Académie, et qu'il dut son insuccès au parti qu'il avait pris contre les Anciens.

[2] *Lettre* de Bussy à Charpentier, 17 juin 1688.

[3] *Id., ibid.*

sions s'ouvrirent par la mort de Doujat, le 27 octobre, et, le 28 novembre, par celle de Quinault, rappelée tout à l'heure. Ce fut double bataille pour un jour. Les deux élections se firent ensemble : « Il y a de grandes brigues, écrivit, le 2 janvier suivant, Charpentier à Bussy; on se fait conseiller au Parlement ou maître des requêtes avec moins de bruit [1]. »

Fontenelle, candidat aux deux places, échoua pour l'une comme pour l'autre. L'abbé Renaudot, un protégé des Condé [2], un ami de Bossuet, un des maîtres du *petit concile*, dont son savoir dans l'hébreu l'avait fait un des *rabbins* [3], l'emporta pour le fauteuil de Doujat. A ce premier triomphe « d'un homme de Versailles » s'en ajouta un second : M. de Callières, ambassadeur, et par conséquent de la Cour plus que personne, fut nommé à la place de Quinault. Fontenelle, et tout le parti parisien, qui le patronait, eurent deux ans pour se remettre de ce double échec. Jusqu'au 5 mars 1691, où mourut Villayer, l'Académie ne fit aucune perte; celle-là

---

[1] *Lettre* de Charpentier à Bussy, 2 janvier 1689.
[2] Floquet, *Études sur Bossuet*, t. II, p. 539.
[3] Floquet, *Bossuet précepteur*, etc., p. 225.

même ne fut pas grande, du moins pour elle.

Fontenelle et les siens se tenaient prêts, bien sur pied, certains de vaincre par les intelligences qu'ils s'étaient préparées, si ce n'est à cause des droits nouveaux que quelques œuvres nouvelles avaient pu constituer au candidat. Sur ce point, il n'avait pas beaucoup acquis. L'opéra de *Thétis,* joué vers le temps de sa dernière défaite, et que vous connaissez déjà, n'avait pas donné tort aux académiciens qui le repoussaient pour la succession académique de Quinault, et celui d'*Énée et Lavinie* leur avait prouvé, à la fin de l'année suivante, qu'ils avaient eu raison.

Une seule pièce, *Brutus,* jouée à la Comédie-Française, le 18 décembre 1690, deux jours après *Énée* à l'Opéra, avait seule réussi, mais sans profit pour la gloire de Fontenelle, qui avait laissé sa parente, mademoiselle Bernard, signer sans lui ce qu'ils avaient écrit ensemble. L'ouvrage, d'ailleurs, n'avait guère que son succès. Il n'eût pas ajouté beaucoup au mérite du poëte s'il l'eût avoué ; je pense fort que le passage dont s'augmenta le livre des *Caractères,* dans l'édition de l'année suivante, à propos du poëme tragique, qui ne doit pas être « un tissu de jolis sentiments, de déclamations tendres, d'entretiens galants, de portraits agréables, de mots *doucereux*[1], » fut écrit en vue de ce *Brutus* « dameret » composé par Fontenelle et mademoiselle Bernard, c'est-à-dire l'œuvre de deux esprits féminins. Ainsi le bagage du candidat courant vers l'Académie ne s'était pas grossi sur la route : il n'en arriva que plus vite.

La majorité académique élut donc Fontenelle pour la place de M. de Villayer, en lui laissant l'embarras de son éloge. On s'en tirait alors sans beaucoup de frais. C'est à peine si Fontenelle, dans son *Discours*, dit un mot de son prédécesseur, assez obscur pour que sa mémoire n'en exigeât pas davantage.

---

[1] T. I, p. 150-151. — Cette attaque au poëme tragique pouvait aussi, sans s'égarer, aller à l'adresse des tragédies de Campistron. Comme ce Racine affaibli n'épargnait pas le vrai Racine, dans les conversations de la société du Temple, dont il était l'un des meneurs (Senecé, *Œuvres posthumes*, p. 325), La Bruyère, ami de Racine, et encore plus de ce qui est beau, n'avait pas à l'épargner. Je pense que *Capys*, qui dénigre Damis (t. I, p. 142), n'est autre que Campistron dénigrant Racine. De *Capys* à Campistron il n'y a pas loin, d'autant qu'alors on écrivait *Capistron*.

La Bruyère, qui n'était pas forcé au panégyrique, fut plus long sur son compte dans sa sixième édition qui suivit de près. L'*Hermippe*, qu'il y révéla, est M. de Villayer trait pour trait. Je m'étonne qu'on ne l'ait pas reconnu. Quand on compare le *caractère* avec ce que Saint-Simon a dit de l'original, c'est à s'y méprendre. Dans l'un [1] on voit « un grand maître pour le ressort et pour la mécanique ; » dans l'autre [2], « un bonhomme plein d'inventions singulières. » Hermippe a trouvé le secret de monter et de descendre « autrement que par l'escalier, » et l'on sait par Saint-Simon que Villayer « inventa ces chaises volantes qui, par des contre-poids, montent et descendent seules, entre deux murs, à l'étage qu'on veut. » L'un et l'autre sont donc bien le même homme.

La Bruyère avait pu connaître l'invention de Villayer à Chantilly, où l'on s'en était fort servi, et qui même un jour, par un défaut de la « chaise volante, » avait forcé madame la Duchesse de rester au moins trois heures entre deux murs, sans pouvoir monter ni se faire

---

[1] Notes sur le *Journal* de Dangeau, 5 mars 1691.
[2] T. II, p. 185.

entendre[1]. Est-ce à cause de cet accident qu'il parla de l'invention? Ce fut plutôt à cause de la mort de l'inventeur et de la place qu'il avait laissée vacante à l'Académie.

La Bruyère ne paraît pas avoir désiré ce fauteuil. Il se serait alors enquis plus particulièrement de celui qui l'avait occupé. Il aurait pris sa mesure, comme on dit; puis, ne pouvant s'en servir pour l'éloge, puisque Fontenelle obtint la préférence, il aurait tourné en *caractère*, c'est-à-dire en comédie, ce qu'il n'avait pu mettre en discours et en panégyrique : au lieu de l'éloge académique de Villayer, on eut ainsi le portrait comique d'Hermippe.

Aux mouvements qu'on se donna dans

---

[1] *Note* de Saint-Simon.—Il est déjà parlé de cette chaise volante dans Tallemant des Réaux, qui l'appelle « la chaise de Villayer. » Édit. P. Pâris, t. VI, p. 58.—Parmi les inventions de notre *Hermippe*, il ne faut pas oublier celle de la *petite poste*, et surtout son complément le plus curieux, l'invention des *billets de port payé*, premiers types des *timbres-poste* en plein XVII° siècle. Le recueil *inédit* des lettres de mademoiselle de Scudéry, possédé par l'heureux M. Feuillet de Conches, où il est parlé de ces *billets*, nomme l'inventeur « M. de Valayer. » C'est, sans nul doute, notre très-ingénieux *Hermippe*-Villayer.

l'Académie, en vue de faire réussir Fontenelle, candidat pour la cinquième fois, La Bruyère avait dû bientôt voir que sa propre candidature ne pouvait être que d'essai, sans véritable chance d'un bon résultat. Je pense qu'il se résigna vite, en s'amusant de ce qui l'empêchait d'arriver.

Les menées de Benserade, qui était, malgré son âge, le plus grand agitateur de l'Académie[1], furent pour beaucoup dans son insuccès. Le portrait de *Théobalde* l'en vengea. C'est aussi dans la sixième édition qu'il parut, en juin 1691 : Benserade avait fait nommer Fontenelle contre La Bruyère au commencement d'avril[2]. Il n'y avait pas eu de temps perdu pour le satirique. Le por-

---

[1] C'est lui, selon d'Olivet (*Histoire de l'Académie franç.*, édit. Ch. Livet, t. II, p. 243, 295), qui eut l'audace de lire en pleine séance, le 5 janvier 1685, jour de la réception de Bergeret, les *Portraits des quarante académiciens*, sorte de satire faite pour venger Ménage, à qui on l'avait préféré. « Cette liste scandaleuse, » comme dit Furetière, *Deuxième Factum*, 1ʳᵉ édit., p. 47, n'a été retrouvée que dans ces derniers temps et publiée par l'excellent recueil *l'Intermédiaire*, t. I, col. 110 et suiv.

[2] *Lettre* de mademoiselle Dupré à Bussy, 4 avril 1691.

trait fut trouvé ressemblant. Pour tout le monde, le vieux, mais toujours fougueux Benserade fut bien le Théobalde des *Caractères*, « vif et *impétueux*[1], » quoique « vieilli et *baissé*[2]. »

Six mois ne se passèrent pas sans que La Bruyère eût à se repentir de cette ressemblance trop rancunière. La vengeance était du mois de juin; Benserade mourut au mois d'octobre. Aux regrets d'avoir sans doute attristé les derniers jours d'un vieillard, qui avait dû se reconnaître dans la satire où tout le monde l'avait reconnu, s'ajouta pour La Bruyère la gêne d'une situation que sa première candidature avortée lui avait faite. S'étant présenté une fois à l'Académie, il se devait une seconde épreuve, et, par conséquent, il lui fallait postuler la succession de Benserade, au risque d'être obligé, s'il réussissait, de faire l'éloge six mois après avoir fait la satire. Il ne recula pas.

Son système de dénégation pour les ressemblances trouvées dans les *Caractères* le

---

[1] Ce sont les épithètes mêmes de Charpentier parlant de Benserade. V. son *Dialogue* dans les *Factums* de Furetière, édit. Ch. Asselineau, t. II, p. 218.

[2] *Chansonnier* Maurepas, t. VII, p. 137.

lui permettait; jamais il ne s'en servit plus hardiment. Il dit partout que Benserade n'avait nullement été dans sa pensée lorsqu'il avait peint *Théobalde.* Plus tard, s'acharnant encore dans ce démenti, il crut donner tout à fait le change à l'opinion en appliquant à un autre, dans la préface de son discours de réception, le même pseudonyme [1]. On ne fut pas dupe : aux yeux de tous, Benserade continua d'être *Théobalde* [2]. On ne vit dans la nouvelle attribution du sobriquet vengeur qu'une suite de l'attaque qui, ayant été une revanche pour l'insuccès de la première candidature, se continuait sous le même couvert contre ceux qui, par les mêmes moyens, firent avorter la seconde.

La Bruyère, en effet, se présenta trois fois

---

[1] T. II, p. 251.
[2] L'abbé Trublet, qui avait la tradition directe de toutes ces choses par Fontenelle, dit, dans ses *Mém.* sur lui, p. 239, à propos de *Théobalde :* « C'est Benserade vieilli et très-ressemblant, malgré la charge ordinaire au peintre. Il est inconcevable, ajoute-t-il, que La Bruyère ait osé publier de pareils portraits du vivant même des originaux. Cependant son livre en est plein et dut lui faire bien des ennemis, peut-être aussi des amis. En déchirant certaines gens, il plaisoit à d'autres. »

pour ne réussir qu'à la dernière. Nous sommes à la seconde, où il eut le bonheur d'échouer, puisqu'il échappa ainsi au péril d'un éloge forcé de Benserade. Ce lui fut certainement une consolation; le nombre des suffrages qu'il obtint en fut une autre. Il eut sept voix, ce qui était alors considérable, vu le peu d'empressement des trente-neuf à venir tous à l'Académie, même pour les élections, soit par indifférence, soit à cause de l'éloignement auquel plusieurs, tels que Huet, évêque d'Avranche; Colbert, archevêque de Rouen; Coislin, lieutenant du Roi en Bretagne; Fléchier, évêque de Nîmes; Bossuet, évêque de Meaux, étaient obligés par des devoirs de résidence.

Bussy, toujours en Bourgogne, d'abord à cause de sa disgrâce, puis par goût, était un de ceux qu'on y voyait le moins. A ce moment, toutefois, il s'y trouvait. Le Roi venait de le rappeler à la Cour[1], et il reprenait possession de la faveur en se multipliant partout. Il était donc à l'Académie, qui ne l'avait pas vu depuis bien des années, en pa-

---

[1] V. sa *lettre* à la comtesse de Dalet, sa fille, le 26 septembre 1691.

reille occasion, le jour où l'on devait donner un successeur à Benserade. Il vota pour La Bruyère, par estime pour l'homme, par admiration pour le livre, que M. de Termes lui avait fait connaître dès son apparition [1], puis un peu par considération pour ceux qui protégeaient le candidat : Pontchartrain, entre autres, dont les bonnes grâces avaient contribué à son rappel [2], et qu'il croyait ne pouvoir mieux remercier qu'en aidant à cette nomination de son choix.

La Bruyère en sut beaucoup de gré à Bussy et le lui témoigna par une lettre, un peu en retard, comme toujours [3], parlant un peu trop des *altesses*, qui seraient au

---

[1] V. plus haut, p. 267.

[2] V. sa *lettre* du 16 octobre à la comtesse de Dalet.

[3] V. plus haut, p. 221. — Depuis que j'ai écrit le passage auquel je renvoie, sur le peu d'empressement de La Bruyère à écrire des lettres, j'ai appris par l'heureux M. Servois, qui les publiera, que M. le duc d'Aumale n'en possède pas moins de dix-sept, toutes de sa main, et qui lui sont venues avec les archives de la maison de Condé. C'est beaucoup, vu la rareté de ses lettres jusqu'à ce jour, mais ce n'est guère quand on se rappelle qu'il resta vingt ans chez les Condé. Ce n'est pas une lettre par année.

plus tôt « informées de ce qu'il avoit fait [1], » mais charmante par la vivacité du sentiment, par la sincérité de la reconnaissance, et aussi par la fierté de certaines phrases. On y comprend, dès la première ligne, que La Bruyère n'avait pas vu Bussy avant le vote, se réservant la joie d'une surprise, en ne demandant pas une promesse.

Pour les autres, il avait fait de même; il pouvait dire en pleine franchise : « Les sept voix qui ont été pour moi, je ne les ai pas mendiées, elles ont été gratuites. » Il suffirait qu'il le dît pour qu'on n'en doutât point : après un coup d'œil sur la liste des académiciens qui devaient être présents, on en est sûr. Bussy mis à part, on en trouve six assez amis de La Bruyère pour qu'il n'eût pas besoin près d'eux de la moindre instance. Ce sont : Bossuet, Boileau, Racine, l'abbé de Choisy, Régnier-Desmarais, Pellisson.

La voix de celui-ci lui manqua, ainsi que celle de Bussy, pour sa troisième tentative, mais il en eut de nouvelles, et en bon nombre, car il l'emporta, comme on va le voir.

Je ne sais s'il se présenta pour remplacer

---

[1] V. plus haut, p. 265.

Leclerc, qui mourut le 8 août de cette même année 1691; en tout cas, il aurait encore échoué : c'est Toureil qui eut le fauteuil. L'année suivante se passa tout entière sans qu'il s'ouvrît une nouvelle succession académique. Mais, par contre, en 1693, il y en eut quatre coup sur coup. Pellisson mourut le 7 février, Bussy le 9 avril, le curé La Chambre le 15 du même mois, et l'abbé Tallemant le 6 mai. Par la mort de Pellisson et de Bussy, La Bruyère perdait deux voix. Il attendit, pour se représenter, qu'une élection nouvelle lui eût rendu la moitié de cet à-point, il ne se posa, par conséquent, pas pour le fauteuil de Pellisson. Il laissa Fénelon le demander et l'obtenir, sûr que par cette élection il retrouverait une voix pour la sienne. L'abbé Bignon s'étant mis en avant pour la place de Bussy, il se retira encore; mais n'ayant trouvé devant lui, pour le fauteuil du curé La Chambre, que son ami La Loubère, il ne recula plus.

Aux instances de leurs amis communs, surtout à la prière de Pontchartrain, qui avait toute autorité sur lui comme père de Phélypeaux, dont il était le secrétaire, La Loubère se retira, pour cette fois, avec les plus vives assurances qu'on le ferait élire à la prochaine vacance, ce qui eut lieu en effet et presque aussitôt, puisque, nous l'avons vu, l'abbé Tallemant, auquel il succéda, mourut le 6 mai.

M. de Pontchartrain pouvait faire de ces promesses : en qualité de secrétaire d'État, ayant le département de la maison du Roi, il était chargé des Académies et y disposait de tout presque souverainement. En 1691, il avait fait élire Toureil, qui avait longtemps été attaché à son fils[1]; maintenant, il va rendre infaillible l'élection de La Bruyère, dont il a décidé que l'heure est venue, et il répond à La Loubère que la sienne suivra.

Si, dans ces affaires, son autorité était grande, son activité ne l'était pas moins. Il ne différait pas d'un jour pour faire les démarches, soit en personne, soit par lettres, tout ministre qu'il fût. Ainsi, à peine M. de La Chambre est-il mort, le 15 avril, que trois jours après Pontchartrain a déjà décidé que sa place serait pour La Bruyère; obtenu le désistement de La Loubère, avec promesse qu'il ferait reporter sur son préféré du moment les voix dont il pouvait se croire sûr pour lui-même; et enfin écrit de sa main

[1] V. plus haut, p. 120-121.

aux académiciens qui, tels que l'abbé Renaudot, lui étaient plus intimement attachés [1].

Une élection ainsi menée ne pouvait être douteuse. Elle le fut d'autant moins qu'une des puissances de l'Académie, l'abbé Régnier-Desmarais, secrétaire perpétuel depuis la mort de Mézeray [2], s'était fortement déclaré pour La Bruyère, qu'il connaissait de longue main, qu'il avait fait connaître à Ménage [3], et avec lequel il avait eu souvent des communautés d'idées [4].

[1] La *lettre* de Pontchartrain à Renaudot, pour lui recommander la candidature de La Bruyère, a été publiée pour la première fois dans *l'Athenæum français* du 3 décembre 1853. L'abbé Renaudot avait beaucoup d'estime pour La Bruyère. M. Walckenaër possédait un exemplaire des *Mélanges* de Vigneul-Marville chargé de notes de sa main, où il réfutait surtout ce que le méchant moine avait dit contre les *Caractères* et contre leur auteur.

[2] Pellisson et d'Olivet, *Hist. de l'Académie*, édit. Ch. Livet, t. II, p. 28.

[3] V. la *lettre* de La Bruyère publiée pour la première fois par M. Destailleur, t. I, p. xix.

[4] On pourrait faire de nombreux rapprochements entre les poésies de Régnier-Desmarais et les *Caractères*. Pour m'en tenir à un exemple, je dirai que le conte de l'abbé, *les Deux Testaments* (Œuvres, t. II, p. 211), n'est autre chose que le développement de ce qu'on lit dans La Bruyère, t. II, p. 183 : « Avec

Son influence, en cette occasion, fut si active, si prépondérante, que les mécontents de l'élection en firent retomber tout le tort sur lui. On écrivit que ce choix « odieux et fatal » était dû « à ses soins et à ses ruses [1]. » On chanta sur l'air des *Lampons* que « le sévère Régnier » n'avait fait réussir La Bruyère qu'en le mettant « dans sa cabale [2], » et que « les quarante beaux esprits » étaient par là

une femme qui nous est chère et qui nous survit, lègue-t-on son bien à un ami fidèle par un sentiment de reconnoissance pour lui, ou plutôt par une extrême confiance, et par la certitude du bon usage qu'il saura faire de ce qu'on lui lègue? Donne-t-on à celui que l'on peut soupçonner de ne devoir pas rendre à la personne à qui en effet l'on veut donner? » C'était une histoire du temps, où La Bruyère n'avait fait que substituer le mari à la femme. Suivant les *Clés*, madame Falentin, femme de l'avocat au conseil, avait, en mourant, tout légué au procureur général Hennequin, pour qu'il le remît ensuite à son mari. Hennequin nia le *fidéi-commis*, et M. Falentin eût tout perdu s'il n'eût fait présenter, par M. Bragelonne, disent les uns, par M. de Baric, disent les autres, un autre testament de sa femme qui révoquait le premier et qui lui permit de tout reprendre, le nouveau *fidéi-commissaire* ayant été plus honnête homme.

[1] Épigramme citée par M. Walckenaër, p. 755.
[2] *Les Dépêches du Parnasse* ou *la Gazette des Savants*, 2ᵉ dépêche, du 15 septembre 1693, p. 25.

« tombés dans le mépris, etc.[1]. » Ceux qui chantaient ou criaient le plus haut avaient pour meneurs Thomas Corneille et Fontenelle, deux Rouennais. Aussi, un autre couplet sur l'air : *Réveillez-vous, belle endormie*, rappelait-il, à propos de ces Normands allant en guerre, la fameuse clameur normande du *haro:*

> *Quand La Bruyère se présente,*
> *Pourquoi faut-il crier* haro?
> *Pour faire un nombre de quarante,*
> *Ne falloit-il pas un zéro*[2]?

On avait chanté et crié avant la réception, on chanta, cria encore bien plus après le *Discours* du récipiendaire, prononcé le lundi « quinzième juin 1693. »

Tout y blessa : le ton qu'il prit, « hautain

---

[1] *Chansonnier* Maurepas, t. VII, p. 431.
[2] Boursault, *Lettres nouvelles*, 1703, in-12, t. II, p. 171, cite cette chanson un peu différemment, en la donnant comme une épigramme « que, deux heures avant la réception, MM. de l'Académie trouvèrent sur leur table. » Il cite ainsi le premier vers :

Quand pour s'unir à vous Alcipe se présente.

Ce nom d'*Alcipe* n'était donné à La Bruyère que parce que c'est celui que Boileau, son ami, donne à son interlocuteur de la xe satire qui venait de paraître.

et rude [1]; » l'air avec lequel il sembla dire qu'il n'avait pas fait les visites d'usage aux académiciens [2], « pour ne pas même effleurer leur liberté par une importune sollicitation [3]; » la modestie superbe de sa déclaration quand il s'écria, parlant des titres, de l'autorité, de la faveur, qui auraient pu être mis en œuvre pour lui, ainsi qu'on le répétait partout : « Je n'ai rien de toutes ces choses, tout me manque; » ses éloges donnés, comme remerciement de leur vote, à Bossuet, à Racine, à Boileau, à La Fontaine, à Segrais, à l'abbé de Choisy, à Charpentier, à Fénelon; enfin, son oubli raisonné pour tous les autres, même pour l'archevêque de Paris, M. de Harlay, qui, présent à cette séance, en qualité d'académicien, se trouva doublement froissé de voir Bossuet exalté comme un Père de l'Église [4],

---

[1] *Chansonnier* Maurepas, t. VII, p. 431.

[2] Ces visites n'étaient pas exigées par les statuts, mais, selon Pellisson, bien peu s'en abstenaient, même avant de poser leur candidature. *Hist. de l'Académie*, édit. Ch. Livet, t. I, p. 60, 61, et II, p. 319, 396.

[3] T. II, p. 274, *Discours de réception.*

[4] *Id.*, p. 267.

lorsque lui n'était pas même nommé [1].

Ceux dont il avait bien parlé lui en surent presque mauvais gré, à cause de la gêne où cet éloge les mettait vis-à-vis des autres. « Son discours déplut beaucoup, écrivit plus tard l'abbé d'Olivet, qui avait la tradition directe du temps [2]; ceux même qu'il avait le plus loués s'en plaignirent, par considération pour ceux qu'il avait laissés dans l'oubli. »

Le plus vif mécontentement fut pour le passage où il avait sacrifié Corneille à Racine. Il fit émeute. A la réunion suivante, on demanda qu'il fût enlevé du discours imprimé, sans songer que l'outrage fait à Corneille se retournerait ainsi contre Racine. Celui-ci le sentit si bien que Bossuet vint déclarer, de sa part, qu'il ne paraîtrait plus à l'Académie si le passage n'était pas maintenu [3]. Sur cette menace, on le laissa.

L'émotion de tout cela fut si grande, qu'on voulut un instant y parer pour l'avenir. Il

---

[1] « La Bruyère ne dit pas un mot de lui; il loue l'évêque de Meaux en sa présence. » Note du *Chansonnier* Maurepas, t. VII, p. 438.

[2] *Catalogue des Autographes* de M. Parison, p. 68.

[3] Note du *Chansonnier* Maurepas, t. VII, p. 459.

fut question d'introduire au règlement de l'Académie un nouvel article qui obligerait les récipiendaires à lire, avant la séance, leur discours à deux académiciens, pris pour juges de sa parfaite convenance.

Ce ne fut qu'un projet, qui s'éteignit avec le bruit de l'affaire [1]. Le retentissement en était allé jusqu'à la Cour. Le Roi avait désiré qu'on lui fît lecture du *Discours*, à l'un de ses dîners de Marly [2], et il y applaudit assez pour que La Bruyère crût pouvoir faire mention, dans sa préface, de cet applaudissement si flatteur [3]. Je ne sais qui avait lu ; je penserais volontiers que ce fut Racine, qui commençait à devenir lecteur ordinaire du Roi [4], et qui avait intérêt à faire valoir cette harangue, sa propre défense et celle de son parti. Boileau n'y tenait pas moins et la soutenait tout autant. Sa dixième satire, celle des *Femmes*, commençait à courir en bro-

---

[1] *Apologie de La Bruyère*, p. 451.

[2] *Lettre inédite* de Bourdelot à l'abbé Nicaise, 23 août 1693 ; les *Dépêches du Parnasse*, 3ᵉ dépêche, 1ᵉʳ octobre 1693, p. 39.

[3] T. II, p. 259.

[4] *Journal* de Dangeau, édition complète, t. V, p. 465.

chure [1]. Quoiqu'il s'y fût conformé au système plus charitable de La Bruyère, en ne nommant ni même ne désignant personne [2], on criait partout, après l'avoir lue : C'est médisance, c'est calomnie! Il devait donc plus que jamais faire cause commune avec l'auteur en butte aux mêmes attaques. La Bruyère ne le sépara pas non plus de sa propre défense. La préface du *Discours* combattit pour la satire des *Femmes* presque autant que pour les *Caractères*.

Le parti normand avait eu la main dans chacune des attaques auxquelles il répondait. Tout partait du *Mercure*, où travaillait et dominait Thomas Corneille, associé de de Visé. « En donnant des griffes à La Bruyère, » comme dit d'Olivet [3], il continuait le rôle commencé par Benserade, et méritait de reprendre par conséquent le nom de Théobalde, qu'il porte, en effet, dans la préface [4].

Fontenelle le soutenait, tiraillant à la suite, moins dans le journal que dans les entretiens,

---

[1] *Œuvres* de Boileau, édit. P. Chéron, p. 37, note.
[2] V. plus haut, p. 251, note.
[3] *Catal. des Autographes* de M. Parison. p. 68.
[4] T. II, p. 251.

moins par des articles que par des mots de doucereuse perfidie, nonchalamment jetés au milieu des cercles amis, comme le salon de madame de Lambert, qui venait d'ouvrir un nouveau théâtre à son esprit et à ses succès du monde [1]. La Bruyère ne l'avait pas nommé, ne l'avait pas même désigné dans le plus petit coin d'éloge : il s'en laissait plaindre, et, par quelques mots, avouait que ce silence avait fait peut-être quelque tort au discours [2].

A peu de temps de là, quand parut la huitième édition, ce n'est plus du silence de La Bruyère que se plaignit Fontenelle.

La Bruyère l'a promis,
Il mordra ses ennemis,

avaient dit les chansons [3], au moment de sa lutte pour l'Académie. Il ne tint parole que pour Fontenelle, mais impitoyablement. Le portrait de *Cydias*, l'homme à tout faire de la littérature, qui travaille pour *Dosithée* et pour *Crantor,* qui « s'égale à Lucien et à Sé-

---

[1] V., en tête des *Œuvres morales* de madame de Lambert, 1843, in-18, l'extrait de son éloge par Fontenelle, p. 7.

[2] Trublet, *Mémoires sur Fontenelle*, p. 225.

[3] *Les Dépêches du Parnasse*, 2ᵉ dépêche, p. 25.

nèque,—philosophe et poëte tragique,— qui, dédaigneux des anciens, se met au-dessus de Platon, de Virgile et de Théocrite, » etc., est un des plus implacablement ressemblants qu'il ait faits. Il était impossible de ne pas y retrouver, trait pour trait, Fontenelle travaillant en tragédies pour mademoiselle Bernard, en discours d'apparat pour M. Le Haguais, de la Cour des aides, et pour Pontchartrain [1]; faisant, avec la conscience de sa supériorité de Moderne, des *Dialogues des Morts* comme Lucien, des *tragédies* et de la *morale* comme Sénèque, de la *physique* comme Platon, et des *églogues* comme Virgile ou Théocrite.

Il s'y reconnut lui-même et s'en offensa cruellement [2]. Ce tableau du bel esprit dans son atelier, faisant tout ce qui concerne son état, puis allant après dans le monde continuer par la conversation ses besognes de philosophie, son travail de joli poëte, lui tint au cœur jusqu'à la fin [3]. Or, on sait ce qu'elle se fit attendre. C'est la plus longue ran-

[1] *Eloge* de Fontenelle par Le Beau, à la suite des *Œuvres*, t. XI, p. xxii, note.
[2] Trublet, *Mémoires* sur Fontenelle, p. 183.
[3] *Id., ibid.*

cune que nous connaissions en littérature.

Il n'était pas seul dans cette merveilleuse caricature de l'ouvrier, « du garçon bel esprit, » que, par une dernière malice, La Bruyère n'avait pas placée au chapitre des *Ouvrages de l'esprit*, mais, comme celui de Benserade, et tout près, au chapitre de *la Société et de la Conversation*[1] : à côté de lui, dans son ombre, s'agitait un ami, un complaisant, « ayant fonction » de le promettre aux gens d'un certain monde, de le présenter, de le faire valoir, et « de le confirmer chaque matin dans l'opinion, » de sa supériorité.

On s'est demandé quel est cet ami. Je pense que ce doit être l'abbé de Saint-Pierre, alors fort avant dans l'intimité de Fontenelle, par l'amitié qui les unissait l'un et l'autre à Varignon[2]. Celui-ci, vrai reclus de la science, ne quittait guère le logement qu'il habitait avec l'abbé, qui, lui, au contraire, courait sans cesse le monde, curieux de tout, s'affairant pour rien, mais se faufilant de préférence avec les gens d'importance

[1] T. II, p. 247-248.
[2] *Éloge* de Varignon par Fontenelle, dans les *Œuvres*, t. VI, p. 182.

et de célébrité, comme l'était Fontenelle.

La Bruyère lui avait déjà donné de la pointe, on l'a vu par le portrait de *Mopse*, dans la cinquième édition; il ne dut pas être fâché de rafraîchir l'attaque dans la huitième. Sans avoir encore rien écrit, l'abbé de Saint-Pierre était devenu un peronnage. En présentant Fontenelle et le faisant valoir, il s'était présenté et fait valoir lui-même. Toujours poussant et encore plus poussé, il s'était trouvé bientôt assez près de l'Académie pour y prétendre à la première succession. Il y prétendit, sûr que les Modernes, dont il professait jusqu'à l'exagération les idées et les espérances, soutiendraient sa prétention, et que, par ses intelligences dans le monde de la Cour, comme Aaumônier de Madame, il se rallierait quelques voix des Anciens.

La Bruyère vit l'intrigue, et où elle tendait. Par le portrait de *Cydias* et de son complaisant, il la dénonça, mais en pure perte, car peu de temps après qu'il eut paru, la mort de Bergeret ayant laissé une place vacante[1], c'est l'abbé de Saint-Pierre qui l'obtint. Fontenelle, si longtemps flatté,

---

[1] Bergeret mourut le 9 octobre 1694.

avait fait récompenser son flatteur ; mais, ce qui valait mieux, le parti des Modernes et de Paris prenait ainsi une revanche contre celui des Anciens et de Versailles.

Il l'attendait depuis la nomination de La Bruyère, que plusieurs autres, toutes favorables à la même cause, avaient suivie de près [1].

D'abord, presque aussitôt, était venue l'élection de La Loubère, si bien préparée, presque annoncée même par La Bruyère dans son discours, où, le remerciant de son désistement et des voix qu'il lui devait, il avait semblé lui promettre d'avance la sienne et celle de ses amis. Pontchartrain, d'ailleurs, avait agi plus activement que jamais. Sous toute cette pression, la nomination avait paru si certaine que, dès le 26 juin 1693, c'est-à-dire plus d'une semaine auparavant, Bourdelot avait cru pouvoir écrire à l'abbé Nicaise, à propos de l'Académie : « On y recevra au premier jour M. de La Loubère,

---

[1] Leur seule revanche avait été une malice de Charpentier, l'un d'eux, en sa *Réponse* à un *Discours* de La Bruyère. Concluant à sa supériorité sur *Théophraste*, il avait ajouté que toute la question des Anciens devait se régler ainsi. C'était fin.

qui a été à Siam, dont il a donné une assez bonne relation [1], et qui est présentement près le fils de M. de Pontchartrain [2], ce qui a donné lieu à cette chanson sur l'air : *Quand je veux rimer à Guillaume :*

« *Messieurs, vous aurez La Loubère;*
L'interest veut qu'on le préfère
Au mérite le plus certain.
Vous l'aurez, quoy que l'on en crie :
C'est un impost que Pontchartrain
Veut mettre sur l'Académie [3]. »

La Loubère fut en effet nommé, puis on le reçut solennellement, le 25 août, à la place

---

[1] Deux vol. in-12 qui parurent en 1691, et auxquels La Bruyère renvoya par une note de sa 6ᵉ édition publiée presque en même temps; t. II, p. 274.

[2] *Bulletin des Comités historiques*, t. I, p. 55.

[3] Dans le *Dict. hist.* de l'abbé Ladvocat, on dit que cette chanson, citée au mot *Loubère (La)*, est de La Fontaine. Ailleurs et plus justement, je crois, on l'attribue à Chaulieu. C'est une allusion aux impôts que Pontchartrain levait sur-tout, trouvant dans chaque chose prétexte à ce qu'on appelait des affaires extraordinaires : « M. de Pontchartrain, écrivait Choisy à Bussy, le 22 août 1691, a dans ses papiers pour cent millions d'affaires extraordinaires sans charger le peuple. »—V. aussi plus haut, p. 127-129.

de l'abbé Tallemant, mort le 6 mai [1].

Six jours après, nouveau deuil à l'Académie : le président de Novion mourut le 1er septembre. C'était un tenant des Anciens [2], et La Bruyère avait eu certainement sa voix, par conviction de doctrine littéraire, et, plus secrètement, par raison de famille. Goibeau Dubois, qui fut nommé à sa place, obtint-il le suffrage de notre homme ? Je le pense. Comme traducteur de Cicéron et de saint Augustin, il avait assez fait en faveur des Anciens et de la religion pour s'y croire des droits. Ce n'est pas d'ailleurs La Bruyère qui, en sa qualité de beau danseur, lui eût reproché d'avoir été jadis maître de danse [3]. Je ne puis, toutefois, répondre qu'il vota pour Goibeau Dubois.

On sait mieux à qui alla sa voix dans l'élection suivante. Il s'agissait de remplacer l'abbé Lavau, mort le 1er février 1694. Deux

---

[1] *Gazette* du 29 août 1693, p. 434. — Pour La Bruyère, on avait été plus hâté : son prédécesseur mourut le 15 avril, il fut élu le 14 mai et reçu le 15 juin. Ainsi, en deux mois, jour pour jour, l'Académie comblait ses vides.

[2] La Bruyère le cite parmi les érudits, t. II, p. 92.

[3] *Hist. de l'Académie*, édit. Livet, t. II, p. 284.

autres abbés se présentaient : Caumartin et Boileau; l'un parent de Choisy et de Pontchartrain, qui le protégait fort [1]; l'autre prédicateur en vogue : tous deux pouvant partager les suffrages. C'est ce qui fut et à part égale. Il y eut autant de voix pour l'abbé de Caumartin que pour l'abbé Boileau. Une seule restait à donner « qui pouvoit lever le partage, » c'était celle de La Bruyère.

« Chacun, lit-on dans une note manuscrite qu'a retrouvée M. d'Ortigues [2], tâchoit par ses regards de l'attirer dans son parti, lorsque, prenant la parole, il dit : « Je n'ay
« pas oublié, messieurs, qu'un des principaux
« statuts de cet illustre corps est de n'y ad-
« mettre que ceux qu'on estime les plus di-
« gnes. Vous ne trouverez donc pas estrange,
« messieurs, si je donne mon suffrage à
« M. Dacier, à qui même je préférerois ma-
« dame sa femme, si vous admettiez parmi
« vous des personnes de son sexe. »

Nous le retrouvons tout entier dans cette boutade : indépendant même de ses amitiés, et plus encore de ses protections, puisqu'il

---

[1] Saint-Simon, t. I, p. 152.
[2] *Journal des Débats*, 30 mars 1862.

ne tient pas compte des recommandations de son ami Choisy et de son patron Pontchartrain pour Caumartin, leur parent; toujours singulier, toujours homme d'humeur, toujours prêt à prouver que *l'esprit de singularité* approche peut-être le plus « de la droite raison et d'une conduite régulière [1]; » ou bien à dire : « *Il faut faire comme les autres!* maxime suspecte qui signifie presque toujours : *Il faut mal faire* [2]; » franc surtout, ne marchandant ni ses admirations, ni ses haines; sincère pour ce qu'il admire, fût-ce, en dépit de Fontenelle, une savante amie des Anciens; fût-ce, en dépit de Molière, une femme qui sait le grec [3]!

L'Académie ne trouva pas son opinion mauvaise; à peine même lui parut-elle singulière. Il y avait trop peu de temps que, sur la proposition de Charpentier, elle avait

---

[1] T. I, p. 89.

[2] *Ibid.*

[3] Ce qui devait lui plaire en madame Dacier, c'est que, avec son grand savoir, elle n'avait rien de pédant, comme le remarqua l'Anglais Lister, dans la visite qu'il lui fit. V. un extrait de son *Voyage à Paris*, dans la *Revue Britannique*, juillet 1836, p. 155.

discuté la question de savoir si l'on n'adjoindrait pas aux académiciens des académiciennes [1], comme madame et mademoiselle Deshoulières, mademoiselle de Scudéry [2], pour qu'elle eût même à s'étonner de l'idée de La Bruyère. Le projet de Charpentier, toutefois, ne s'en réveilla pas. On s'amusa de l'incident et « l'on se sépara sans conclure. »

Quelques jours plus tard, les abbés s'étaient entendus, et M. de Caumartin, à qui l'autre avait cédé les voix de ses amis, passait, sans aucun obstacle. Il avait été convenu entre eux que le tour de l'abbé Boileau viendrait après; l'Académie s'y prêta de bonne grâce. Goibeau Dubois, qui ne fut académicien qu'un semestre au plus, étant mort le 1er juillet 1694, il lui succéda. Après vint, et, celui-là, par ordre exprès du roi,

---

[1] Il est fait allusion à cette idée d'admettre des femmes à l'Académie dans la comédie de Dancourt, la Femme d'intrigues (acte I, scène VI), jouée en janvier 1692.

[2] V., à ce sujet, une curieuse note du *Supplément au Ménagiana*, par Le Goux, citée une première fois par Jolly dans ses *Remarques* sur Bayle, t. II, p. 605, puis dans le volume de *la Cour et la ville*, p. 50, par M. Fr. Barrière, qui la croyait inédite.

l'évêque de Noyon, qui eut la place de Barbier d'Aucourt, mort le 13 septembre de la même année [1]; puis, pour succéder à La Fontaine, mort le 13 mars 1695, l'abbé de Clérambault, « assez vilain bossu [2], » mais homme d'esprit et, qui plus est, au grand dépit des « gens de Paris, » homme de Cour comme les autres. Enfin le protégé de Fontenelle, sa créature la plus chère, l'espoir des Modernes, l'abbé de Saint-Pierre arriva.

Cette fois, je jurerais bien que La Bruyère vota plus que jamais pour Dacier.

Ce suffrage intrépide porta bonheur au laborieux savant. La conviction qu'il exprimait, gagnant les autres, monta jusqu'à Phélypeaux. Il prit la peine d'écrire pour Dacier à Fontenelle [3] et à Renaudot [4]. Aussi Dacier fut-il élu. On le reçut, le 24 juin 1695, à la place de François de Harlay. Cette élection, qui consola La Bruyère de celle de l'abbé de Saint-Pierre, fut la dernière à laquelle il prit part.

[1] V. *Gazette de France* du 18 décembre 1694; *Lettre* de madame de Sévigné, du 13 décembre, et Saint-Simon, t. I, p. 152-155.

[2] Saint-Simon, t. VIII, p. 98.

[3] *Bulletin des Comités historiques*, t. I, p. 60.

[4] *Id.*, p. 81.

Je ne crois pas qu'il fût très-exact à l'Académie. Les travaux du Dictionnaire à reviser et de la Grammaire alors en projet s'exécutant sans lui, puisqu'il n'était ni de l'un ni de l'autre des deux bureaux qui s'en étaient chargés[1], il n'y avait pas grand'chose à faire.

Peut-être n'y venait-il que pour les solennités d'apparat, pour les élections et pour les séances qui promettaient quelque discussion curieuse, choses qui lui eussent tout fait quitter, tandis que l'appât d'un jeton de présence ne l'eût pas décidé à faire un pas[2].

Quoi qu'il en soit, comme, en raison de ses séjours à Versailles et à Chantilly, cette assiduité relative réclamée par l'Académie était pour lui une cause de voyages fréquents,

---

[1] *Hist. de l'Académie,* édit. Ch. Livet, t. II, p. 52, 53, 54. — Un passage du *Théophraste moderne,* p. 43, donne à entendre que La Bruyère ne plaça pas un seul mot dans le *Dictionnaire,* et qu'il eût par conséquent été inutile « au projet d'une nouvelle édition. »

[2] N'oublions pas de dire que l'Académie française possède un portrait de La Bruyère. Il est de madame Le Brun, qui le lui offrit avec celui de l'abbé de Fleury, au mois de septembre 1775, et en fut remerciée par d'Alembert au nom des Quarante. *Mémoires secrets,* t. VIII, p. 202.

je n'ai pas été trop étonné d'apprendre qu'il se fût donné, sur la fin, la commodité d'un carrosse [1]. Ce n'était pas alors un grand luxe quand on y mettait de l'épargne; son état près de deux Altesses pouvait le lui permettre, et peut-être d'ailleurs que sa santé l'exigeait.

Il se sentit vieillir vite, et son air dit aux autres ce qu'il sentait lui-même. Nous avons appris, par le président Bouhier, qu'il paraissait avoir plus que son âge [2]. « Ma vue s'affoiblit, » écrivait-il à une époque où l'étude des historiens grecs l'occupait encore [3]; puis, après avoir dit qu'il craignait pour ses yeux de devenir comme le père Gaillard, il ajoutait : « Encore quelque temps, la mémoire s'en va [4]. » Dans la préface de son *Discours de réception,* vers la fin, il avait parlé de sa santé : s'il en avait un peu, « avec quelques années de vie, » il tâcherait de mieux faire. On ne parle pas ainsi quand on espère beaucoup de ses forces. Dès 1689, dans la quatrième édition de son livre, lors-

---

[1] Servois, édit. des *Caractères*, t. I, p. 398, note.
[2] V. plus haut, p. 8-9.
[3] *Lettre inédite,* appartenant au libraire Boone, de Londres.
[4] *Ibid.*

qu'il n'avait que quarante-quatre ans, il avait dit ce qu'il en coûte à déchoir, pour peu qu'on soit galant, et à quels signes on s'en aperçoit : « Un homme qui seroit en peine de connoître s'il change, s'il commence à vieillir, peut consulter les yeux d'une jeune femme qu'il aborde, et le ton dont elle lui parle : il apprend ce qu'il craint de savoir. Rude école[1] ! »

Ce n'est pas triste encore, c'est presque gaiement résigné, comme il arrive quand la résignation n'est pas encore nécessaire : attendez cinq ans, la tristesse sera venue. Alors il dira qu'on n'a pas trop de ce qui vous reste de force pour penser à Dieu[2]. Est-ce à cause de madame de Belleforière-Boisfranc, gravement malade en 1694[3], qu'il parlait ainsi? C'est plutôt pour lui-même. Quelques atteintes lui donnaient à craindre : le sang, très-actif chez lui, faisait croire à sa force[4], tout en l'in-

[1] T. I, p. 200.
[2] T II, p. 216.
[3] A la fin de 1694, elle eut la petite vérole, qui courait beaucoup alors et était très-dangereuse. *Lettre* de madame de Sévigné, 26 nov. 1694.
[4] Saint-Simon (t. I, p. 200) parle de ces apparences

quiétant sur les suites ¹. Toutefois, il ne se ménageait pas. Un soir qu'il était à Paris dans une société, il s'aperçut tout à coup qu'il n'entendait plus ceux qui parlaient ; il était devenu sourd ². Ce ne fut rien, une simple congestion des oreilles. Deux jours après, il était dans une autre maison, se portant mieux que jamais, soupant gaiement à son habitude, parlant de ses *Dialogues* sur le *Quiétisme*, en lisant quelques passages, puis buvant à la santé de l'abbé Bossuet qui, disait-il, serait bien étonné quand il le verrait à Rome ³. C'était le mardi soir, 8 mai 1696. Le lendemain, retourné à Versailles,

de santé de La Bruyère, qui, surtout à l'âge qu'il avait quand il mourut, pouvaient faire espérer de lui de nouveaux ouvrages.

¹ Dans l'autographe *douteux* cité plus haut, il est parlé d'une paralysie au bras droit, dont La Bruyère aurait souffert à la fin de 1687. Cet endroit suffirait pour me faire croire à l'authenticité de la lettre, où l'écriture, à en juger par le *fac-simile*, semble, en effet, avoir été tracée par une main légèrement paralysée.

² Note de Saint-Marc dans son édition de *Boileau*, 1747, in-8°, t. II, p. 391.

³ V. plus haut, p. 377, note, et *Revue rétrospective*, 31 octobre 1836, p. 141.

chez M. le Prince, le surlendemain aussi, jusqu'à neuf heures, tout alla au mieux, « en visites, en promenades, sans aucun pressentiment; » puis ce fut le coup de foudre. « Il soupa avec appétit [1], dit l'anonyme à qui nous devons ces détails, et, tout d'un coup, il perdit la parole, sa bouche se tourna. M. Fagon, M. Fœlix et toute la médecine de la Cour vinrent à son secours. Il montroit sa tête comme le siége de son mal; il eut quelque connoissance. Saignée, émétique, lavement de tabac, rien n'y fit. Il fut assisté jusqu'à la fin de M. Gaïon, que M. Fagon y laissa, et d'un aumônier de M. le Prince. »

Cette mort fut si foudroyante qu'on ne put la croire naturelle. Ce qu'on savait des ennemis nombreux et puissants que son livre lui avait créés partout, ajoutant encore aux soupçons, on fit courir le bruit qu'il avait été empoisonné; on l'écrivit [2], on l'imprima [3],

---

[1] Le *Mercure*, qui le poursuit jusque dans sa mort, dit qu'il avait mangé avec excès.

[2] En tête de la *clé* ins. qui est à l'Arsenal, on lit : « Jean de La Bruyère, mort subitement à Versailles, le 11ᵉ may 1696, à une heure après minuit, *non sine suspicione veneni.* »

[3] Gacon, dans un passage de son *Poëte sans fard*,

et, deux mois après, l'abbé Fleury lui-même, dans le discours où il fit son éloge [1], ne put s'empêcher de laisser place au doute en parlant de cette mort « si prompte et si surprenante. »

Ainsi, l'opinion du monde fut que la grande comédie du livre avait eu, pour l'auteur, le dénoûment d'un drame! et que celui qui se plaisait tant à prendre le nom de Socrate était mort du poison comme lui.

p. 154, qui, je ne sais pourquoi, n'a jamais été remarqué, fait allusion aux bruits qui coururent sur la mort de La Bruyère, et que, pour son compte, il croyait vrais. Il vient de parler des plagiaires qui se parent surtout de la dépouille des morts, et il ajoute, à propos de l'auteur du *Théophraste moderne*, que vous connaissez déjà :

C'est ainsi que Brillon, pour voler La Bruyère,
Attend que cet auteur ait fini sa carrière,
Et qu'un fatal poison, l'envoyant au tombeau,
Ait vangé les méchants dont il étoit le fleau :
Mais ne crains pas, Brillon, qu'un breuvage homicide
Soit le funeste prix de ton livre insipide :
Socrate et ses pareils meurent par les poisons,
Et les fous vont loger aux Petites-Maisons.

[1] *Opuscules* de M. l'abbé Fleury, 1780, in-8°, t. III, p. 156.

FIN.

TABLE DES MATIÈRES

I.—Naissance de La Bruyère à Paris.—Propriété de sa famille à Sceaux. 1

II.—Comment on fut trompé sur le lieu de sa naissance et sur son âge.—Témoignage du président Bouhier à ce sujet.—Les portraits de La Bruyère. 5

III.—Les Ligueurs ses ancêtres.—Leur exil en Italie. —Soupçon de leur complicité avec Ravaillac.— Leur retour à Paris.—Le père de La Bruyère.—Ses frères et sœur.—L'aîné épouse une bâtarde du président de Novion.—Protestation du plus jeune, l'abbé de La Bruyère, contre la *Suite des Caractères*. 9

IV.—Traces de la tradition ligueuse chez La Bruyère. —Ce qu'il dit de Philippe II dans une lettre en italien à Gregorio Leti. 18

V.—Son enfance dans la Cité, près du cloître Notre-Dame.—Types qu'il y connut : l'abbé Dansse, le grand Pénitencier, etc. 22

VI.—Éducation de La Bruyère à l'Oratoire.—Preuves qu'il y dut être élevé sous le P. Senault, fils d'un ancien ligueur.—Différences de l'éducation à l'Oratoire et chez les Jésuites.—Le grec y domine.—La Bruyère l'apprend. 27

VII.—Sa lettre *inédite* sur les lectures qu'il fait des historiens grecs,—Il connaît Varillas.— Ce qu'il dit de son *Histoire de François Ier* qui ne put être publiée.—La Bruyère dans la bibliothèque de M. de Lamoignon. — Il est reçu avocat. — Traces de sa profession dans son livre. 31

VIII.—Reflets de son enfance et de sa jeunesse : la *Fronde*, la *Réforme des enseignes*, etc. — Il voit jouer l'*Œdipe* de Corneille.—Dans quel temps il connut Brancas-*Ménalque*.—Les *modes* de sa jeunesse. — Il étudie la philosophie sous Lesclache, qu'il quitte pour Descartes.—Traces dans son livre des époques où il l'écrivit.—Les Siamois. . 37

IX.—La mansarde de La Bruyère.—Ce qu'il dit de ses études en philosophie et en astronomie.—Description de sa retraite par Bonaventure d'Argonne. —Pourquoi ce moine est son ennemi pour avoir voulu être son émule.—Livre qu'il fait à l'imitation des *Caractères*.—Ouvrage plus modeste de Duché dans le même genre.—Bonaventure d'Argonne au *Mercure*, avec la coterie normande hostile à La Bruyère.—L'auteur des *Sentiments critiques sur les Caractères*. 48

X.—Brillon et son *Théophraste moderne;* conseils qu'il demande à La Bruyère et qu'il en reçoit.— L'abbé de Villiers et son livre imité des *Caractères*.

—Son hostilité contre celui qu'il imite.—Représailles de La Bruyère.—Comment il écrit « par humeur » et « parle toujours de cœur. » . . . 56

XI. Visite que lui fait l'abbé de Saint-Pierre.—Comment il en résulte le portrait de *Mopse*.—Où La Bruyère et l'abbé s'étaient rencontrés.—Conférences scientifiques de l'hôtel Condé auxquelles ils assistent.—Du Hamel, de l'Académie des sciences, ami de La Bruyère.—Expériences de Lémery et de Sauveur à Chantilly, devant Condé et La Bruyère. —Relations de La Bruyère et de l'historien Cordemoy.—Études historiques de La Bruyère.—Son amour du vieux langage.—Où il prend ses *Rondeaux* sur Ogier et Richard. 61

XII.—La Bruyère aux Tuileries.—Les *Nouvellistes*. —La comédie dans son livre.—Pièces qu'il indique et qu'on fait d'après lui.—Ressemblance de son œuvre avec celle de Ménandre.—La Bruyère et les *Mimes* de P. Syrus.—S'il faut le comparer à Molière.—Comment son livre passa, de son temps, pour un ouvrage amusant qu'il fallait lire « d'une voix familière et quelquefois plaisante. ». . 70

XIII.—La Bruyère chroniqueur et historien des *modes*.—Sa recherche du détail et son art de la particularité dans ce genre.—C'est un peintre de *modes* qui fait son portrait.—Échos des conversations du jour dans son livre.—*Mot* qu'il dit chez Furetière, et qui devient plus tard tout un *caractère*. —La Bruyère et les carrosses trop bien dorés. 77

XIV.—Son mépris des gens qui ont le goût du trivial. —Ce qu'étaient Rousseau, Fabry et La Couture.—

Les *mots à la mode*.—Pourquoi il les reprend.—Son amour de l'à-propos et sa vivacité à le saisir.—Comment il caractérise la naissance de l'abbé Alary. —Traces dans les *Caractères* de l'esprit de M. le Prince Henri-Jules.—S'il y eut autrement part.— Témoignage *inédit* de Valincourt à ce sujet: 85

XV.—Comment l'*Affairé* des *Caractères* est M. de Meckelbourg.—La Bruyère à Vincennes et aux revues dans les plaines d'Ouilles et d'Aschères.—Bernardi, son *académie* et son *fort*.—La Bruyère à l'Opéra et à la Comédie.—Son antipathie pour Baron.—Ce qu'il dit de sa prononciation et de son *Homme à bonnes fortunes*.—Il n'aime pas les portraits de Rigaud, qui s'en venge.—Sa haine du *réalisme* à propos des figures de cire du *Cercle* de Benoît.—La Bruyère à la *foire Saint-Germain*.—Comment Swift s'inspira de lui pour Lilliput. . 92

XVI—Louis XIV communiste.—Trace dans les *Caractères* du plus étrange et du moins connu de ses projets.—Le livre de La Bruyère et les *Soupirs de la France esclave*.—La Bruyère et Colbert *laconique* et repentant.—Encore les *Nouvellistes*.— Les empiriques : Caretti, Ammonio, Alary.—Les charlatans : Barbereau et ses *eaux minérales artificielles*; Brimbœuf et son *eau de Jouvence*.—L'Académie des sciences et Michallet, libraire de La Bruyère.—La Bruyère, Molière et les médecins.— Ses rapports d'amitié avec Fagon.—Ce qu'il raconte sur lui à son ami l'abbé de Choisy.—Comment l'arrière-petite-nièce de La Bruyère est l'épouse d'un charlatan. 100

XVII.—La Bruyère et la coquetterie.—Les riches

corbeilles de mariage.—La promenade de la porte Saint-Bernard.—Quand on y va, quand on n'y va plus.—Si La Bruyère n'a pas collaboré à la pièce de son ami Boisfranc, les *Bains de la porte Saint-Bernard.*—Les ironies de La Bruyère.—Pourquoi il se donne le nom de Socrate.—M. le Duc, son élève, et les filles du libraire Loyson aux bains du quai Saint-Bernard.— La Bruyère et la bouquetière des Tuileries et ses bluets. 110

XVIII.—La Bruyère dans le quartier des financiers, de la place Vendôme à celle des Victoires.—Pontchartrain, son protecteur.—Où il le connaît d'abord.—Où il le suit.—Les hôtels des partisans : Monnerot, Deschiens, La Touanne, Thévenin.— La Bruyère flatte Pontchartrain dans son horreur de la flatterie.—Quand et dans quel endroit des *Caractères.*—Comment La Bruyère fut en passe d'un bel emploi et le refusa.—Les *Fauconnet* qu'il méprise et Descartes qu'il envie.—La Bruyère menacé par les hommes d'argent.—Laugeois-*Chrysippe* et Monnerot-*Champagne.* — Le chef des *Fauconnet* Berrier-*Criton-Brontin-Sosie.*—Pourquoi il se prend surtout à lui.—Beauvais-*Ergaste, le donneur d'avis.* — Influence pernicieuse des taxes.—Les ventes d'offices et les cumuls.—Saint-Romain, l'amphibie.—Saint-Simon arrachant les masques mis par La Bruyère. 118

XIX.—Les Condé mauvais voisins.—Le trésorier La Touanne à Saint-Maur.—Ses prétentions et ses folies de propriétaire.—Comment ils figurent, lui et Gourville, dans le chapitre de *Zénobie.*—Origine et explication de ce chapitre.—Ruine de La Touanne au profit de M. le Duc.—Les *manieurs* d'argent.— Luxe des gens de robe.—Amelot de Bisseuil et sa maison.—Les parvenus de noblesse.—Comment on se donne, pour s'anoblir, une origine flamande ou italienne.—La Bruyère et l'abbé de Choisy « son bon ami. »—Boudet, marchand à la *Tête-Noire* et seigneur de Franconville. — Comment La Bruyère connaît son histoire et y fait allusion. . . 132

XX.—L'affaire d'Hervé et de Vedeau de Grammont. — Ce qu'en dit La Bruyère.—Les Bazin, de Troyes en Champagne, et leur étoffe.—Leur enseigne des *Trois-Couronnes* devenue armoiries de comte. — Autres *enseignes-armoiries*.—Les Le Camus constructeurs de la place Royale et marchands au *Pélican*.—Le Noble et la comédie du *Fourbe*.— Si l'une des *clés* des *Caractères* n'est pas de lui. 148

XXI.—Les *Clés*.—Ce qu'en pense La Bruyère et comment il les récuse.—Ce qu'on lui répond.— Le meilleur argument de Bonaventure d'Argonne. —Santeul se reconnaît dans le caractère de *Théodas*. —Sa lettre pour en remercier La Bruyère, qui ne réclame pas. — Autres types reconnaissables sans démenti possible.—Tout l'*Estat de France* est dans les *Caractères*.—Vers de Sénecé à ce sujet.—Fautes d'impression dans les *Clés*.—*La duchesse* pour *la Ducherré.*— Langlé-*Périandre*. — Sa cuisine.— Son hôtel. — Ses ordures horribles. — Il fait les *Modes*.—La Bruyère et madame de Sévigné.— S'ils se connurent.—Un dernier mot sur les *parvenus*.—Leur fortune, leur chute rapide. . . 156

XXII.—La Bruyère trésorier de France.— Influence

de son emploi sur son livre.—Comment il fut anobli.—Son ironie sur sa noblesse.—Méprise de Bonaventure d'Argonne.—« L'homme de lettres est trivial. »—Comment il faut comprendre ce passage.—La Bruyère à l'hôtel de Condé et au Luxembourg, chez son ami l'abbé de Choisy.—Ses voisins : Justel, G. Leti, Terrat.—Comment de celui-ci il fait *Téramène*, et d'Herbelot *Hermagoras*.—Ses procédés pour les pseudonymes des *Caractères* : *Iphis, Théognis, Sosie,* les *Sannions,* les *Crispins, Sylvain,* etc. — Roquette-*Théophile.* — Dangeau-*Pamphile* ou le valet de trèfle.—Pourquoi.—Bontemps-*Mercure.*— Le duc de Chartres-*Théagène.* — Chaulieu-*Catulle* et son *élève* le chevalier de Bouillon.—Leur fureur du jeu.—Les bourgeoises-brelandières.—*Arfure, Zélie, Téléphon, Tryphon, Chrysippe.* — *Canidie.* — *Mœvius et Titius.* — La Bruyère et le droit romain.—Pourquoi il écrit *bienfacteur,* et non *bienfaiteur.*—Ses amis au Palais. — Madame de Montespan-*Irène.* — Ce que lui en dit le médecin des eaux de Bourbon.—La Bruyère et madame de Maintenon.—Elle écrit un *caractère.* — Le discours de réception de La Bruyère lu à Marly.—Louis XIV, madame de Maintenon et Fagon.—Ce que celui-ci raconte à La Bruyère. 175

XXIII.—Encore les *nouvellistes* des Tuileries et du Luxembourg. — Les *curieux.* — Boucot, l'*homme aux coquilles.* — Rousseau, Grenailles, Gaignières, amateurs *d'estampes,* types de *Démocède.* — Les *curieux* de médailles.—Comment Louis XIV met cette *curiosité* à la mode.—Les *curieux* de papillons.—Sardière, le *bibliomane.*—Diphile « gouver-

neur des serins de madame la Princesse. » — Les
duchesses et l'oiselier du quai de la Mégisserie. —
La Sablière, l'*homme aux prunes.* — Descoteaux,
l'*homme aux tulipes.*—Son ami Philibert-*Dracon*.
—Une cause célèbre.—Complicité de La Voisin.—
Exécution de la veuve Brunet, devenue madame
Philibert.—Pourquoi La Bruyère parle de Bronte
le *questionnaire* à mademoiselle de Briou-*Lélie*,
amoureuse de Philibert-*Dracon*. 204

XXIV.—Pourquoi les lettres de La Bruyère sont rares.
— Sa correspondance avec Phélypeaux. — Sa paresse à écrire.— Sa passion de l'indépendance.—
Comment il voudrait être libre et oisif. — Tout
bavardage lui déplaît, écrit ou parlé. . . . 216

XXV.—La Bruyère « honnête homme. »—Comment
comprendre ce mot, d'après l'application que lui
en fait Saint-Simon.—S'il fut homme de Cour.—
Sa personne et ses manières.—Ce qu'on en dit.—
Ses succès près des femmes.—Un couplet sur lui
et sur mademoiselle du Terrail. — Son portrait
de La Fontaine tourné contre lui-même. — Le
marquis de Sablé-*Phidippe*.—Pourquoi il se venge
de La Bruyère. 225

XXVI. — La Bruyère-*Antisthène*. — Pourquoi M. le
Prince lui préfère Santeul.—Dépits de La Bruyère.
—Il n'est pas moins l'ami de Santeul, qui le fait le
premier confident de ses vers. — Lettre à Santeul restituée dans son vrai texte. 235

XXVII.—La Bruyère dans le monde.—Chez Ménage,
qui lui sert pour son type du *pédant* et ne s'y
reconnaît pas.—La Bruyère à Auteuil, chez Boi-

leau.—Ce que celui-ci dit de lui.—Préoccupations de La Bruyère en lisant son *Théophraste* à Boileau.—Différences de la satire chez l'un et chez l'autre.—Influence du système plus discret de La Bruyère sur la *dixième satire* de Boileau.—Impatience de celui-ci pendant une lecture. 240

XXVIII.— Encore La Bruyère dans le monde.—Ses échappées de gaieté.—Sa « crainte de paraître pédant. »—Lettre *inédite* de Valincourt à ce sujet.—Très-curieuse confidence sur La Bruyère.—Tout le temps qu'il passa chez M. le Duc, « on se moqua de lui ! »—La Bruyère danseur et chanteur désagréable.— Phélypeaux le renvoie aux *petites-maisons*. — On le compare à Furetière. — Ce qui lui manque comme tact.—Sa lettre à Bussy en est un exemple.—Comparaison entre Bussy, homme de Cour, et La Bruyère.—La Bruyère et *ses Altesses*.—Honneurs qu'on lui rend à Chantilly, quand il est académicien 253

XXIX.—Influence du caractère de La Bruyère sur son livre.—Ce qu'on pense en son temps de la vivacité de son style.—Protestation de l'Académie de Soissons contre le style concis.—Voltaire et la phrase janséniste.—Reflets de l'esprit des Condé, et surtout de celui de madame la Duchesse sur l'ouvrage de La Bruyère.—Comment il lui fut utile de n'être pas pris au sérieux en son temps.—Ce que c'est « qu'un homme d'humeur. »—L'ironie de La Bruyère « arme et bouclier. » — Ce qu'il pense du Peuple et des Grands.—Comment il peut dire que le Peuple est « un martyr. » — Ses sous-entendus.—Les Grands, qui ne comprennent que la flatterie, n'y voient rien.—Madame de Conti, « la grande Princesse. »—Comment et pourquoi elle se trouve dans les *Caractères*.—Les parvenus se fâchent, les duchesses laissent dire.—Ce que La Bruyère a dit de l'amour du jeu, des liqueurs, etc., s'adresse à elles.—Il ne supprime de son livre que ce qui pourrait affliger des proscrits : Lauzun, Vardes, Bussy.—Ce qu'il dit du despotisme et de l'usage qu'il fait de la corruption.—Son chapitre du *Souverain* ou de la *République*.—Le grec le sauve.—Boisrobert devancier de La Bruyère.—Comment et contre qui il fait, sous Louis XIII, un *caractère* de Théophraste. — Si La Bruyère n'y trouva pas l'inspiration de son livre. 271

XXX.—Le grand Condé, son fils et son petit-fils dans les *Caractères*.—La littérature à Chantilly.—Tout est bon pour Condé ennuyé.—Goûts littéraires de son fils, M. le prince Henri-Jules.—Ce que dit Gédéon Pontier du savoir du père et du fils.—Comment La Bruyère l'en remercie.—La mode des *centuries*.—Ce que c'est.—Une *centurie* de madame de La Fayette.—Explication qu'en donne M. le Duc.—Si La Bruyère n'y travailla pas.—Une conversation sur Racine et sur Corneille chez madame la Duchesse.—Si La Bruyère ne s'en inspira pas pour son *parallèle*.—L'esprit, les méchancetés et les chansons de madame la Duchesse.—Leur influence sur La Bruyère. — La Duchesse, Grécourt et le *Jocrisse* Maranzac.—Si La Bruyère a fait des chansons. — La *Dieudiade*, qu'on lui attribue, *ms*. de la bibliothèque de Saint-Pétersbourg. . . 290

XXXI.—La Bruyère et le lansquenet.—S'il est gros joueur.—L'*esprit du jeu.*—Encore Dangeau, le valet de trèfle.—Madame de Sévigné joueuse.—La Rochefoucauld, grand joueur d'échecs, ainsi que de Court. — Si La Bruyère a le même goût. . . 301

XXXII.—Encore La Bruyère et *ses Altesses.*—Condé est mort lorsqu'il publie son livre.—Qu'en aurait-il dit?—Son inspiration s'y retrouve.—Communauté de goûts entre la Bruyère et Condé.—Si La Bruyère aida Bossuet, son protecteur, et Cordemoy, son ami, dans l'éducation du Dauphin, et si Bossuet ne le récompensa pas de ce concours en le faisant entrer, comme professeur, chez M. le Prince.—Education de M. le Duc, sous les yeux de Condé. — *L'Éducation d'un prince,* par Nicole. — Anecdote que La Bruyère y prend.—Bossuet à Chantilly.—Condé, Bossuet et La Bruyère.—Conversations sur le P. Maimbourg, Malebranche et Montaigne. — La Bruyère tient pour celui-ci contre Bossuet, ennemi de tout ce qui est profane.—La Bruyère et les livres de piété.—Comment il est, à ce sujet, l'intermédiaire entre Bossuet et Condé.—Pourquoi il fréquente la librairie de Michallet. — Livres qu'il y trouve.—Publications qu'il y surveille après la mort de Condé.—Portrait de Condé-*Æmile.* . . 305

XXXIII.—Comment le portrait de M. le prince Henri-Jules est tout entier, par *fragments*, dans les *Caractères.* — Ce qu'ont dit de cette Altesse Saint-Simon et le marquis de Lassay.—Rapprochement avec ce qu'a dit La Bruyère. — M. le Prince.

Téléphon et *Ménalque*.—Mystérieux et non secret, « difficile à vivre, aisé à gouverner. »— Son ingratitude. — Son avarice. — Comment La Bruyère, « homme de lettres, » près de lui, n'a d'appointements que comme « gentilhomme » de son fils M. le Duc.—La fausse grandeur, qui est petitesse.—Une pensée de Cervantes étendue dans les *Caractères*. —Entourage de M. le Prince : Santeul, les vingt secrétaires, les gens de Parlement, les jésuites.— Le P. Bouhours et La Bruyère à Chantilly.—Anecdote que raconte La Bruyère sur le prédicateur aux *synonymes*. — Les *énumérateurs*. — La Bruyère jouant et *mimant* ses contes.—Rapprochement entre son génie et celui de Molière, dont il aime à reprendre les types.—Les *Femmes savantes*, le *Misanthrope* et le *Faux dévot* chez La Bruyère.—*Onuphre* et *Tartuffe*, comparaison.—Pourquoi *Onuphre* est au chapitre de la *Mode*.—Le *Barnabite*.—Comment M. le Prince n'aima jamais Molière, que son père protégeait.—Rivalité de Chantilly et de Versailles. —Le canal de Chantilly.—La Nonnette-le-*Lignon* et la Thêve-l'*Yvette*.—Ce que dit La Bruyère des travaux du parc de Chantilly.—*La feste Dauphine*, en 1688.—La Bruyère et l'opéra : Pécourt et Lorenzani.—Les descriptions du *Mercure*.—Ce qu'il en dit.—Laurent « payé pour ne plus écrire. ». 328

XXXIV.— Regret de La Bruyère au milieu de ces fêtes.—Il préférerait la vraie campagne.—Les paysans de son temps.—Provinces qu'il visita : le Bourbonnais, l'Orléanais, la Normandie, la Provence. —S'il alla en Italie.—Pourquoi c'est en Bourgogne qu'il dut voir les paysans, dont il a peint la misère.

— Preuves, d'après une lettre du secrétaire des Etats de Bourgogne à Pontchartrain. — Comment La Bruyère dut être à Dijon, aux *Etats* de 1688. — Les paysans bourguignons et la *baguette divinatoire.* — La divination par le mouvement du *sas.* — Ce qu'en dit La Bruyère. — Condé superstitieux. — Les nobles de province. — *Typhon*, le hobereau despote. — Novion aux *Grands Jours d'Auvergne.* — Allusions flatteuses de La Bruyère au sujet de ses mesures : contre le bavardage des avocats, la négligence de leur habit à la ville, etc. — *L'habit gris* d'Alceste et *la cravate* des magistrats. — *Don Fernand.* — La Bruyère et Montrevel. — Ils se connaissent à Dijon. — Seignelay aux *Etats.* — Un mot de La Bruyère sur son immense fortune et ses dettes. — L'évêque d'Autun aux *Etats.* — *Théophile-Tartuffe.* — L'évêque d'Autun et Jacques II. — Santeul aux *Etats.* — Sa provision de vin et ses jetons d'or. — Un évêché pour un sermon. — Pourquoi l'abbé Roquette ne prêche pas la *Cène.* — Allusion directe de La Bruyère. — L'abbé de Vassé, le bavard des *Caractères.* — Pourquoi il ne veut pas être évêque. — Le curé de Plombières et ses linottes. — Férissart, le maître des comptes dijonnais, et son beau-père Le Vieux. — La Bruyère et le *Fonds perdu.* — *Les Caractères* de P. Le Goux, de Dijon, imitation de ceux de La Bruyère. — Bussy, Choisy et madame Bossuet, belle-sœur de l'évêque de Meaux. — Madame de Muci. — Les femmes de la cour de M. le Prince à Dijon, etc. 373

XXXV. — Si La Bruyère fit la campagne de 1692 avec M. le Duc. — Les bourgeois au siége de Namur. —

M. d'Humières et son luxe au camp.—Allusions à sa défaite de Valcourt et à sa disgrâce.—«La brouille des deux ministres,» Louvois et Seignelay.—Rentrée en grâce de M. de Luxembourg.—Ce qu'en dit La Bruyère. — M. de Luxembourg « difforme auprès de ses portraits.»—La victoire de Fleurus dans les *Caractères.*—*Démophile* le nouvelliste Tant-Pis et *Basilide* le nouvelliste Tant-Mieux. — *Le tapissier de Notre-Dame.*—Mort de Seignelay et de Louvois.—Allusion directe de La Bruyère.—Mort de La Feuillade.—Un mot de Louis XIV, coup de foudre d'ingratitude.—Souvenir de la mort de Colbert.—Ce que deviennent les fils de ministres : Blainville, fils de Colbert; le marquis de Sablé et l'abbé Servien, fils du surintendant de ce nom, et Courtanveaux, fils de Louvois.—Ce qu'en dit La Bruyère—Louvois-*Plancus* à Meudon-*Tibur.*—M. de Barbezieux. — Vente à vil prix des terres seigneuriales. 408

XXXVI.—Encore La Bruyère en province.—Certificat *inédit* de la présentation de ses thèses pour la licence, aux écoles de droit d'Orléans, le 3 juin 1664. — La Bruyère en Normandie. — Il obtient, par la protection de Bossuet, la charge de *trésorier de France en la généralité de Caen*, tombée dans les *parties casuelles.*—Racine à Moulins, dans une sinécure pareille.—Les permissions de non-résidence, La Bruyère en use.—Ce que rapportait sa charge et pourquoi il s'en démit au bout de douze ans.—Son voyage à Rouen, en 1674, pour être *reçu.* — Un retard de trois semaines.— Le grand jour.— Si ce qu'il dit sur « un endroit d'une province maritime d'un grand royaume, » ne se rapporte pas à Rouen.—Un cercle d'érudition rouennaise.—Bonaventure d'Argonne le fréquente et s'y inspire contre La Bruyère.—Rouen et « la petite ville » des *Caractères*.—La Bruyère à Caen.—Son installation sur simple requête.— Cercles littéraires à Caen : Moisant de Brieux, Segrais, Turgot Saint-Clair.— Quelques mots sur celui-ci et sur ses parents, Claude Le Pelletier et Le Pelletier de Souzy. . . 429

XXXVII.—Catherine Turgot et les *Caractères*.—Le *Fragment* du chapitre des *Jugements*.—Critique qui s'y cache, et comment il faut le comprendre. —La jeunesse, condamnation de l'âge mûr : *Arténice* Turgot condamnant *Ricanete* de Boislandry. —Histoire de ces deux anagrammes.—Comment et pourquoi Chaulieu fit la seconde. — Ses relations trop intimes avec Catherine Turgot, devenue madame de Boislandry.—Le mari de Catherine *sot* et *pied-plat*.—Comment elle se perd.—Mademoiselle de La Force-*Elvire* « fameuse aventurière, » qui « met les belles-lettres à tous usages. »—Catherine suit trop ses exemples.—Elle devient une « célèbre coquette. » — Elle voit trop la société du Temple. —Femmes galantes avec lesquelles on la confond : madame de La Ferrière, mademoiselle de Briou, madame de Monclar, mesdames d'Olonne et de La Ferté, les deux sœurs *Claudie* et *Messaline*.— Comment une éducation de jeune homme se complétait chez Ninon, et plus tard chez madame de Boislandry.—Catherine et le jeune Lassay.—Elle rompt avec Chaulieu.—A l'âge d'être dévote, elle répugne à le devenir, comme la duchesse d'Aumont, mesdames de La Ferté et d'Olonne.—Les femmes au teint plombé, « avec des boules de cire dans les mâchoires. » — Derniers temps de Catherine, devenue en secondes noces madame de Chevilly. — Son procès avec ses deux frères. — Grand réveil de souvenirs quand elle meurt.—Retour curieux aux scandales de son premier mariage, au procès honteux de sa séparation avec M. de Boislandry et aux motifs qui firent écrire par La Bruyère le *Fragment* cité plus haut. . . . 447

XXXVIII.—Encore La Bruyère et les femmes.—Ce qu'on eût pensé de lui chez les *Précieuses*.—Son succès près des femmes lui vient de ses attaques contre elles.—Elles se disputent son livre.—Un exemplaire avec envoi.—Histoire des *Caractères*. —S'il s'inspira, pour les écrire, de La Rochefoucauld et de Pascal.—Comment il mit au moins dix ans à les faire, et différa presque autant à les publier.—Ennemis qu'on lui présage.—Mot que lui dit Malezieu. — Il se démet de sa charge pour être plus libre dans ses attaques contre la vénalité des emplois.—Il donne son livre à Michallet, pour que le produit soit la dot de sa fille.—Quelle fut cette dot, et comment la petite Michallet devint la femme du fermier général, M. de July, et ainsi la tante de madame d'Houdetot.—Persistance de La Bruyère dans sa générosité.—Il donne à Michallet, en dépit de Coignard, libraire de l'Académie, son *Discours de réception*, et lui laisse prolonger de dix ans son premier privilége.—La *huitième édition*.—Quand La Bruyère meurt, on attend la *neuvième*. — Michallet la donne un mois après, mais sans additions ni retouches.—Pourquoi?—Comment la famille, en haine du libraire trop privilégié, garde l'exemplaire revu et augmenté par La Bruyère.—Ce qu'il devient.— *Les Dialogues sur le Quiétisme*, ouvrage posthume de La Bruyère.—Comment, sur neuf, il y en a sept vraiment de lui.—Pourquoi ils n'ont pas été et ne pouvaient pas être publiés chez Michallet. . 475

XXXIX.—Le désintéressement de La Bruyère, preuve de son célibat.—Commérage sur son mariage secret avec mademoiselle Saillans du Terrail. — Ce qu'elle était.—Elle devient madame de Saurois.— Son fils, le marquis du Terrail.—Un souvenir de Bayard dans La Bruyère.— Si mademoiselle du Terrail était jolie. — La Bruyère et madame de Soyecourt, veuve du *grand veneur*. — Sa famille et ce qu'elle était elle-même. — Ses deux fils.— Adolphe, le plus jeune, étudie avec M. le Duc, sous La Bruyère.— Sa devise au carrousel de 1685.— Il est tué à Fleurus, avec son frère.—Son éloge dans les *Caractères*.—Conseils indirects que La Bruyère donne à la jeunesse dépravée de son temps, par l'exemple des vertus simples et de « la pudeur » du jeune Soyecourt. — Pourquoi il ne nomme pas la mère.—Pourquoi Racine et Boileau l'appelaient, entre eux, *Maximilien*. . . . 501

XL.—Comment la marquise de Belleforière, fille de madame de Soyecourt, aurait pu mieux que personne connaître La Bruyère.—Qui elle épouse.— Les deux Boisfranc, son beau-père et son mari. —Le duc et le marquis de Gesvres.—Les mésalliances. — Ce que dit La Bruyère de celle de

Brancas-*Ménalque*. — Comment le duc de Gesvres est « l'étrange père » dont parlent les *Caractères*. — MM. de Maisons, oncle et cousin de madame de Belleforière.—Ils entourent M. le Duc.— La Bruyère fait contre eux et leur société son chapitre des *Esprits forts*.—Sa piété sincère.—Il pense comme Bacon, à l'endroit des hypocrites, qui sont les grands athées.—Bossuet lui pardonne pour cette piété, son origine ligueuse.—Ce qui lui reste de son éducation à l'Oratoire.— Sa prescience du progrès.—Son amour et sa recherche de la science. — Il est craintif en philosophie, par piété. — Pour la même cause, il craindrait les voyages trop lointains. — Son indépendance vis-à-vis de Bossuet, à propos du théâtre, qu'il défend.—Le *chapeau* du cardinal Le Camus.— Bossuet-*Trophime*.— Explication du passage : « Quel besoin a Trophime d'être cardinal ? »—L'abbé de Choisy-*Erasme*.—Pourquoi il n'est pas évêque.—Un hommage à Fénelon.— Comment La Bruyère peut être à la fois ami de Fénelon et de Bossuet. — Une erreur de Victorin Fabre.—Le réveil du *Quiétisme*, qui brouilla les deux prélats, est postérieur à la mort de La Bruyère. —Le *petit concile* à Saint-Germain, chez Bossuet. Les *condomophages*.—Les familiers du *petit concile* : Choisy, Genest, Fénelon, l'abbé Fleury, Pellisson, de Court, La Bruyère. — Le comte de Tréville.— Sa morgue et ses inconstances.— Son portrait par Bourdaloue. — Ce que La Bruyère pense de celui-ci, et comment il le définit avec une des formes de style qu'il préférait. — Histoire du *On*.—Ce que La Bruyère dit de Fléchier.—Tréville-*Arsène*, dans les *Caractères*. 513

XLI.—Le *petit concile* et la coterie littéraire qui en dépend.—Ils émigrent de Saint-Germain à Versailles. — Ils ont de la piété, et tiennent pour les *Anciens*.—Leur antagonisme contre les « illustres de Paris, » qui sont athées, et tiennent pour les *Modernes*.—Origine de la fameuse *querelle*.—Une épigramme de Fontenelle, coryphée des Modernes, contre ces « gens de Versailles. » — Haine de Louis XIV pour Paris.—Son horreur des *esprits forts* qui s'y trouvent.—Les mêmes gens athées à Paris, dévots à la Cour. — Si Fontenelle et La Bruyère furent amis.—Une lettre *douteuse* de La Bruyère à Fontenelle.—Ils se voient chez M. de Maisons.—Commencement des hostilités entre eux. — Fontenelle et Thomas Corneille au *Mercure*, attaqué par La Bruyère.—Regrets pour Quinault, en haine de Fontenelle et de son opéra de *Thétis et Pélée*.—La Bruyère et le marquis de Termes. — Fontenelle refusé quatre fois à l'Académie.— Pourquoi.—L'abbé Mauroy et son cousin le curé des Invalides. — Place qu'ils ont dans les *Caractères*.—La tragédie de *Brutus*, par Fontenelle et mademoiselle Bernard; ce qu'en dit La Bruyère. —Fontenelle élu à la place de Villayer, contre La Bruyère, qui la lui disputait.—N'ayant pas à faire l'éloge de Villayer, il esquisse sa caricature dans le caractère d'*Hermippe*. — La Bruyère et Benserade, qui a fait manquer son élection. — Il s'en venge par le caractère de *Théobalde*.—Comment six mois plus tard, il est exposé à faire l'éloge, après avoir fait la satire.—A la mort de Benserade, il demande sa place. — Il obtient sept voix, dont celle de Bussy.—En 1693, quatre fauteuils sont vacants; La Bruyère pose sa candidature pour celle du curé La Chambre et l'obtient.—Comment et par quelles influences.—Scandale de cette élection.—Epigrammes, chansons, cris contre Régnier Desmarais; que l'on en accuse.—Bruit plus grand encore contre le *Discours* de La Bruyère.—Mesure que l'Académie veut prendre. — Protestations de Racine et sa menace de ne plus aller à l'Académie. — Vengeance de La Bruyère contre Fontenelle-*Cydias*. — Encore l'abbé de Saint-Pierre, ami de Fontenelle.—Election de La Loubère, ami de La Bruyère et de Goibeau-Dubois. — La Bruyère à l'Académie, le jour où l'on doit donner un successeur à l'abbé Lavau. — Curieuse anecdote sur lui retrouvée par M. d'Ortigues.—Il vote pour Dacier et voudrait voter pour sa femme.—Les femmes à l'Académie.—Elections de l'abbé de Saint-Pierre et de Dacier.—Si La Bruyère travailla au *Dictionnaire de l'Académie.* — Ses voyages de Versailles à Paris.—Sa santé dans les derniers temps.—Sa mort.—On croit qu'il a été empoisonné . . 541

FIN DE LA TABLE.

ERRATA.

Page 308, ligne 26, note; et 316, ligne 28, note, au lieu de *A. Penaud*, lisez *A. Perraud*.

Page 426, ligne 19, note, au lieu de *avait peu songé*, lisez *avait pu songer*.

Page 560, ligne 5, au lieu de *ne paraît pas*, lisez *me paraît*.

Page 580, ligne 24, note, au lieu de *à un Discours*, lisez *au Discours*.

Page 582, ligne 22, note, au lieu de *on avait été plus hâté*, lisez *on avait eu plus de hâte*.

Page 612, ligne 2, au lieu de *celle*, lisez *celui*.

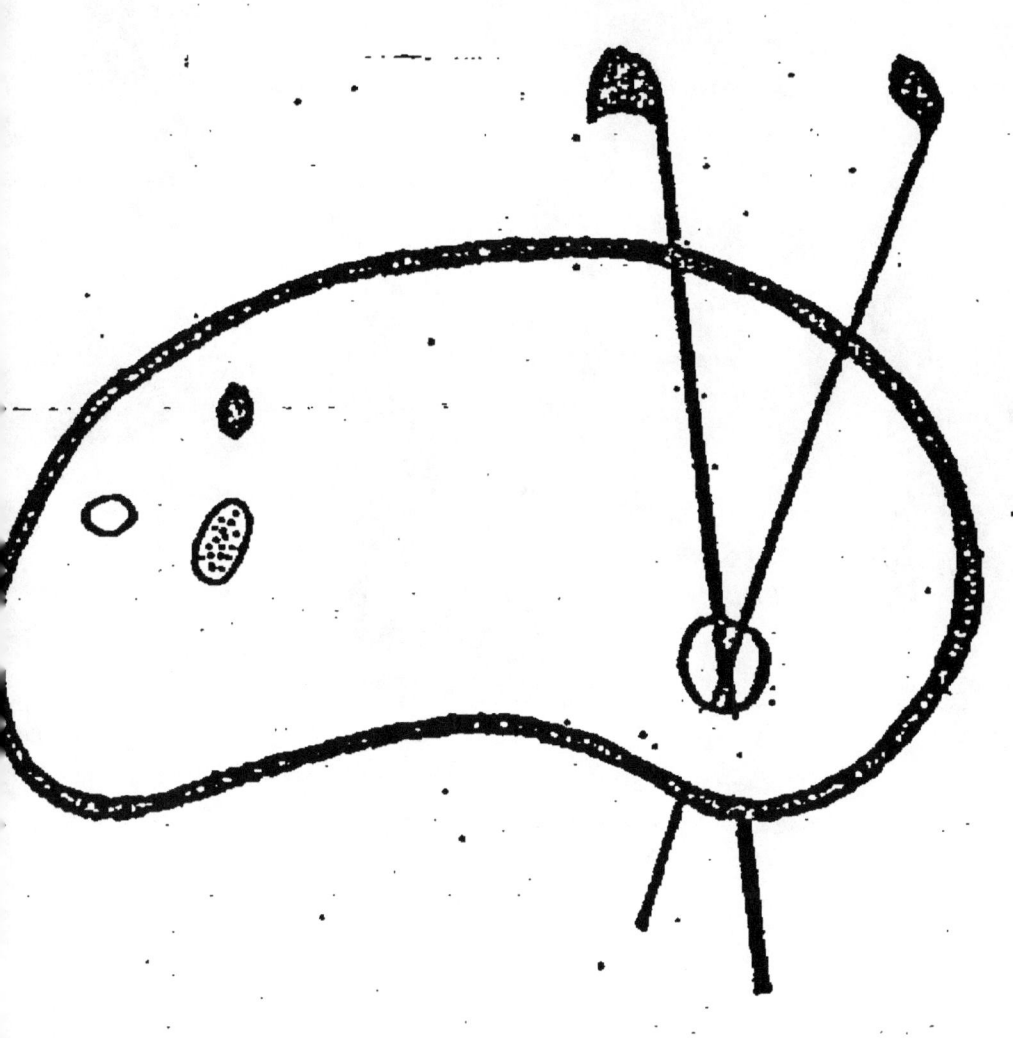

ORIGINAL EN COULEUR

www.ingramcontent.com/pod-product-compliance
Lightning Source LLC
Chambersburg PA
CBHW060645170426
43199CB00012B/1671